内容提要

本书向农家乐从业人员介绍了经营农家乐的要领及做法,图文并茂,语言通俗活泼。

本书包括创办前的调研、农家乐的设计、农家乐的创办与宣传、人员管理、财务管理、安全管理、投诉处理、接待服务、餐饮服务、住宿服务、旅游服务等内容,共计11章。作为一本经营指导手册,本书可以帮助广大有志于从事农家乐经营与服务的读者了解开办农家乐的基本流程,掌握经营农家乐的要领,为广大农家乐经营者提供切实有效的指导。

休闲农业服务人员实用技能

农家乐
经营与服务

NONGJIALE JINGYING YU FUWU

人力资源和社会保障部教材办公室 组织编写

中国人事出版社

图书在版编目(CIP)数据

农家乐经营与服务 / 人力资源和社会保障部教材办公室组织编写． -- 北京：中国人事出版社，2017

休闲农业服务人员实用技能

ISBN 978-7-5129-1240-3

Ⅰ.①农… Ⅱ.①人… Ⅲ.①农村-旅游业-商业经营-中国 ②农村-旅游服务-中国 Ⅳ.①F592.68

中国版本图书馆 CIP 数据核字（2017）第 281676 号

中国人事出版社出版发行

*

三河市潮河印业有限公司印刷装订　　新华书店经销

880 毫米×1230 毫米　32 开本　7.125 印张　133 千字

2018 年 3 月第 1 版　2019 年 9 月第 6 次印刷

定价：29.80 元

读者服务部电话：(010)64929211/84209101/64921644

营销中心电话：(010)64962347

出版社网址：http://www.class.com.cn

版权专有　　侵权必究

如有印装差错，请与本社联系调换：(010) 81211666

我社将与版权执法机关配合，大力打击盗印、销售和使用盗版图书活动，敬请广大读者协助举报，经查实将给予举报者奖励。

举报电话：(010) 64954652

前　言

随着现代都市生活节奏的加快，越来越多的都市人会在闲暇之际，邀上亲朋好友，一起享受慢生活。农家乐旅游这种劳逸结合、返璞归真的休闲旅游模式越来越受到人们的推崇。于是，农家乐旅游发展得风生水起。

农家乐的经营者要想赶上休闲旅游发展的步伐，将农家乐做大做强，需要考虑两个关键问题：一是如何把游客吸引过来，二是如何保证游客下次再来。本书秉持"实用、有用、能用"的宗旨，从管理与服务两大维度为农家乐经营者提供有效的解决方案。

本书围绕"如何开办农家乐、如何推广农家乐、如何经营农家乐"这一主线，从农家乐创办、设计、推广、管理、服务等方面进行了详细的介绍，为农家乐做大做强提供了切实可行的指导。

在本书编写过程中，孙立宏、王淑燕、孙宗坤、程富建、刘井学负责资料的收集和整理，贾月、董连香负责图表编排，刘伟参与编写了第1章、第2章，王瑞永参与编写了第3章、第4章，程淑丽参与编写了第5章、第6章，李艳参与编写了第7章、第8章，班克武参与编写了第9章、第10章，李相兰参与编写了第11章。

目 录

第 1 章　创办前的调研 …………………………… 1

1.1　农家乐的发展现状 ………………………… 3
　　1.1.1　乡村旅游在国内的发展现状 ………… 3
　　1.1.2　农家乐未来的发展趋势 ……………… 5
1.2　农家乐的 3 种盈利模式 …………………… 6
　　1.2.1　单一模式 ……………………………… 6
　　1.2.2　复合模式 ……………………………… 7
　　1.2.3　生态模式 ……………………………… 7
1.3　农家乐发展中存在的问题 ………………… 8
1.4　解决农家乐发展问题的对策 ……………… 10

第 2 章　农家乐的设计 …………………………… 13

2.1　农家乐的 5 种发展类型 …………………… 15
　　2.1.1　农业观光型农家乐 …………………… 15
　　2.1.2　休闲度假型农家乐 …………………… 15
　　2.1.3　民俗文化型农家乐 …………………… 16
　　2.1.4　农事体验型农家乐 …………………… 16
　　2.1.5　古村落型农家乐 ……………………… 17
2.2　农家乐的 5 种经营模式 …………………… 17

  2.2.1 独户经营模式 …………………………… 17
  2.2.2 联户经营模式 …………………………… 18
  2.2.3 "公司 + 农户"经营模式 ………………… 20
  2.2.4 "公司 + 社区 + 农户"经营模式 ………… 21
  2.2.5 农家乐专业合作社经营模式 …………… 22

第 3 章　农家乐的创办与宣传 …………………… 25

 3.1 农家乐的创办手续 ………………………………… 27
  3.1.1 办理营业执照 …………………………… 27
  3.1.2 进行税务登记 …………………………… 29
  3.1.3 办理其他手续 …………………………… 30
 3.2 农家乐的推广渠道 ………………………………… 31
  3.2.1 网络推广 ………………………………… 31
  3.2.2 与旅行社合作 …………………………… 33
  3.2.3 电视广播推广 …………………………… 35
  3.2.4 户外媒体推广 …………………………… 37

第 4 章　人员管理 ………………………………… 39

 4.1 人员招聘 …………………………………………… 41
  4.1.1 确定招聘需求 …………………………… 41
  4.1.2 选择招聘渠道 …………………………… 43
  4.1.3 岗位设置及职责 ………………………… 45
 4.2 员工培训 …………………………………………… 48
  4.2.1 工作能力培训 …………………………… 49
  4.2.2 服务知识培训 …………………………… 51

		4.2.3 工作技能培训	53

- 4.2.3 工作技能培训 …………………………………… 53
- 4.2.4 员工心理培训 …………………………………… 54
- 4.2.5 服务礼仪培训 …………………………………… 54
- 4.3 人员使用 ……………………………………………… 55
  - 4.3.1 薪酬设计 …………………………………… 55
  - 4.3.2 绩效考核 …………………………………… 61

第 5 章 财务管理 …………………………………… 67

- 5.1 财务管理的目标与内容 ……………………………… 69
  - 5.1.1 财务管理的目标 …………………………… 69
  - 5.1.2 财务管理的内容 …………………………… 70
- 5.2 财务分析的内容与方法 ……………………………… 72
- 5.3 农家乐财务管理 ……………………………………… 73
  - 5.3.1 财务管理风险与控制 ……………………… 73
  - 5.3.2 农家乐财务管理制度 ……………………… 75

第 6 章 安全管理 …………………………………… 81

- 6.1 提高安全意识 ………………………………………… 83
- 6.2 餐饮安全卫生 ………………………………………… 84
  - 6.2.1 食品卫生要求 ……………………………… 84
  - 6.2.2 餐具卫生要求 ……………………………… 92
  - 6.2.3 环境卫生要求 ……………………………… 95
  - 6.2.4 员工个人卫生要求 ………………………… 96
- 6.3 消防安全 ……………………………………………… 97
  - 6.3.1 配备消防设施 ……………………………… 97

  6.3.2　建立消防制度 …………………… 99
  6.3.3　消防安全培训与应急演练 ………… 101
 6.4　人身与财产安全 ………………………… 105

第7章　投诉处理 …………………………… 111
 7.1　常见投诉类型 …………………………… 113
  7.1.1　餐饮投诉 ……………………………… 113
  7.1.2　卫生环境投诉 ………………………… 115
  7.1.3　噪声投诉 ……………………………… 116
 7.2　投诉应对处理流程 ……………………… 117
 7.3　特殊游客的应对方法 …………………… 120
  7.3.1　如何应对不愿交谈的游客 …………… 120
  7.3.2　如何应对挑剔的游客 ………………… 121
  7.3.3　如何应对性急的游客 ………………… 125
  7.3.4　如何应对发怒的游客 ………………… 125

第8章　接待服务 …………………………… 129
 8.1　接待服务标准 …………………………… 131
  8.1.1　服务行为标准 ………………………… 131
  8.1.2　服务礼仪标准 ………………………… 132
  8.1.3　服务用语标准 ………………………… 134
  8.1.4　服务态度标准 ………………………… 138
  8.1.5　仪容仪表标准 ………………………… 139
 8.2　服务接待 ………………………………… 140
  8.2.1　电话及网络预订服务 ………………… 140

8.2.2　住宿及用餐接待服务 …………………… 142
　　　8.2.3　游玩接待服务 …………………………… 144

第9章　餐饮服务 …………………………………… 145

　9.1　餐厅服务 ………………………………………… 147
　　　9.1.1　餐前服务 …………………………………… 147
　　　9.1.2　餐中服务 …………………………………… 153
　　　9.1.3　餐后服务 …………………………………… 155
　9.2　就餐服务 ………………………………………… 157
　　　9.2.1　餐厅领位服务 ……………………………… 157
　　　9.2.2　铺口布、撤筷套及小毛巾服务 …………… 158
　　　9.2.3　点菜、上菜服务 …………………………… 161

第10章　住宿服务 ………………………………… 163

　10.1　客房基本设备与用品 ………………………… 165
　　　10.1.1　客房设计 ………………………………… 165
　　　10.1.2　客房用品配置 …………………………… 166
　10.2　客房清洁服务 ………………………………… 166
　　　10.2.1　房间的清扫 ……………………………… 167
　　　10.2.2　卫生间的清扫 …………………………… 171
　10.3　客房管理 ……………………………………… 174
　　　10.3.1　客房预订管理 …………………………… 174
　　　10.3.2　客房入住管理 …………………………… 176
　　　10.3.3　游客退房管理 …………………………… 182

第 11 章　旅游服务 …………………………………… 185

11.1　户外活动设计 …………………………………… 187
- 11.1.1　游山玩水活动设计 …………………………… 187
- 11.1.2　田园采摘活动设计 …………………………… 193
- 11.1.3　特色活动设计 ………………………………… 195

11.2　户外活动注意事项 ……………………………… 196

11.3　纪念品和农副产品的销售 ……………………… 199
- 11.3.1　提升产品价值 ………………………………… 199
- 11.3.2　引起游客的注意与兴趣 ……………………… 201
- 11.3.3　进行商品推介 ………………………………… 208
- 11.3.4　促成产品交易 ………………………………… 212

第1章 创办前的调研

- 农家乐的发展现状
- 农家乐的3种盈利模式
- 农家乐发展中存在的问题
- 解决农家乐发展问题的对策

1.1　农家乐的发展现状

"农家乐"一词最早出自宋代著名诗人陆游的诗句"农家农家乐复乐,不比市朝争夺恶"。农家乐作为一种旅游产业,最开始出现在欧洲,被称为"乡村旅游"。我国的农家乐真正成为旅游产业则是在20世纪80年代以后。

1.1.1　乡村旅游在国内的发展现状

随着社会经济的发展,人们的生活水平不断提高,人们越来越渴望享受高质量的生活。然而城市化进程的加快,使得城市变得喧嚣、拥挤,城市快节奏的生活和工作给人们带来了巨大的压力。此时乡村优美的自然环境、淳朴闲适的农家生活对长期居住在都市里的人产生了巨大的吸引力。于是,乡村旅游应运而生。

20世纪90年代以后,乡村旅游进一步发展,据统计,2015年全国休闲农业和乡村旅游接待游客超过22亿人次,营业收入超过4 400亿元,从业人员790万人,其中农民从业人员630万人。

政府十分重视乡村旅游的发展,国家旅游局把2016年定为"乡村旅游年"。我国的乡村旅游一般以农民为经营主体,以城市居民为目标市场。目前,我国的乡村旅游主要以农业观光和休闲农业为主。一般来说,乡村旅游有农家乐、民俗村、田园风光、果木园林、观光农场等类型。

我国的乡村旅游经过逐步发展已形成了自己的特征，具体见表1-1。

表1-1 乡村旅游的一般特征

特征	说明
地域性	乡村旅游活动均发生在乡村地域范围之内，由于受地理环境的影响，每个地区都有自己的特色
时限性	乡村旅游以农业生产为依托进行，当农业生产受到气候等因素的影响时，乡村旅游同样也会受到影响而形成淡旺季
原生态	乡村旅游以乡村的原生态环境为主要卖点
重体验	游客在乡村旅游时，主要以体验乡村生活为主
强定向	乡村旅游的目标客源主要是城市居民
效益高	乡村旅游的开发主要是依托乡村原有的生态进行改造，无须大刀阔斧地搞建设，只需科学规划就能获得巨大的收益

虽然国内的乡村旅游正在蓬勃发展，但还是不可避免地存在一些问题，具体如图1-1所示。

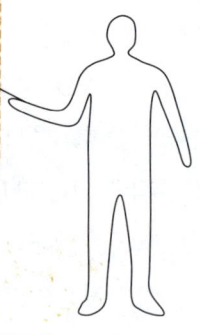

（1）盲目建设，规划性差
（2）基础设施建设不完善
（3）产品设计单一
（4）旅游受季节性影响大
（5）经营水平及服务水平参差不齐

图1-1 目前乡村旅游存在的问题

1.1.2 农家乐未来的发展趋势

发展农家乐将成为未来优化农业结构,推动农业经济发展,实现农村人口就业的一个重要途径。在政府和市场需求的推动下,农家乐的未来前景十分广阔。具体来说,其发展趋势具有以下几个方面的特征。

1. 经营多元化和综合性

单一的以提供吃住为主的模式已经不能满足游客多样化的需求,目前农家乐除了提供吃住外,已经开始涉足观光、旅游、休闲、度假、体验、学习、健身等多种活动,以更好地满足游客多样化和个性化的需求。

2. 经营合作化和产业化

规模小、布局散、层次低、无序发展的状态很难满足大量游客的需求。随着乡村旅游的蓬勃发展,在政府的统一指导下,农家乐将朝统一化、标准化、规模化方向发展,逐步实现农家乐的产业化。特色小镇的发展将是实现农家乐规模化的一个重要途径。

3. 特色化和品牌化

未来的农家乐将会更加注重特色和品牌的打造,依托发展资源,提高农家乐的知名度。

4. 更加注重休闲和体验

农家乐旅游重在参与和体验,农家乐将成为都市人群休闲的场所,将成为都市人群体验乡村生活的平台。

5. 投资多元化

随着农村金融体制的改革，未来的农家乐投资将摆脱乡村格局的限制，更多的外来资本将涌入具有农家乐开发资源的地域。

6. "互联网+"融入农家乐

未来的农家乐经营将离不开互联网的支持，包括农家乐的市场营销、消费结算等都可以通过互联网来实现。

7. 服务统一化和规范化

随着政府和农家乐经营者有意识地对从业人员进行农家菜烹饪、餐饮服务礼仪、食品安全和卫生等方面的培训，服务内容得到了很好的规范。农家乐的服务水平将会在未来有很大的提高。

未来的农家乐发展，将不受农家乐的地域限制，也不限于农家乐的传统经营模式，通过打造特色品牌，利用互联网进行推广，实现农家乐产品的市场化、全球化。未来的农家乐将不只是农家乐本身，而是整个农业生态产业链的运作。

1.2　农家乐的 3 种盈利模式

1.2.1　单一模式

单一模式是指农家乐的盈利是通过传统方式创造利润，即通过为游客提供住宿和餐饮服务来实现盈利。

采用此种经营模式，开发成本相对较低，而且盈利是看得见的。但此种模式所带来的盈利是暂时的、不固定的，受外部客流量影响较大。对游客的吸引程度较低，竞争激烈。

但是单一模式也可以通过走精品化的路线，集中在单一的盈利点上进行创新，形成自己的品牌，同样也能得以长久的发展。

1.2.2 复合模式

复合模式是指农家乐的盈利是通过增加消费项目的数量，将餐饮、观赏、游玩、购物等项目简单地加以罗列和组合，通过多个项目来实现盈利。复合模式相对于单一模式来说，盈利点变得丰富多样，对游客有一定的吸引力。

然而简单的组合模式仍然属于快进快出的旅游形式，所以为了持续发展，需要向生态模式转变或者走精品化的路线。

1.2.3 生态模式

生态模式是指通过构建农家乐生态产业链来实现盈利。在这个生态产业链中，不仅要考虑个体的经营状况，还要考虑整个地区的农家乐经营状况，甚至农业的发展现状。待对这些资源进行共享后，采用现代互联网技术和地域联合的手段来实现生态盈利模式。这种生态盈利模式可细分为两种模式。

一种是以游客为中心的生态盈利模式，即农家乐本身建立一种联动的盈利模式，将各个盈利点进行关联。当游客进入某一个盈利点时，带动其他盈利点的发展，达到相互关联、相互带动的目的。例如在开展农业观光活动的同时，引导游客进行农事体验和田园采摘，在体验采摘后引导游客进入休闲放松项目，在休闲放松后提供表演、餐饮和住宿等服务项目。

另一种是以某一种或某一类特色产品为核心开发出一套联动全国的生态盈利模式，让农家乐不只限于农家乐本身，而是通过农家乐带动整个农业经济圈的发展。例如在深入推进政府提出的"一村一品"工程建设方面，利用"互联网+"推广农家乐，吸引游客，建立品牌，带动农村经济的发展。

1.3 农家乐发展中存在的问题

农家乐的发展虽然取得了明显成效，但毕竟还处在成长发展的过程中，随着发展步伐的加快，逐渐暴露出一些问题。

1. 盲目开发，缺少科学论证和合理规划

虽然目前农家乐的发展给当地经济带来了可观的收入，但大多数还处于粗放发展期，缺乏论证和规划，盲目进行开发，导致农村资源严重浪费，不利于可持续发展。尤其是中小城市农家乐的开发，这种现象更明显。造成这种局面的原因有两个。

一是农家乐经营者多是农户出身，由于缺乏市场经验，在开发之前没有对地理位置、自身资源、本地政策、市场需求、基础设施等进行调研，片面追求规模化和现代化，导致所开发的旅游产品脱离乡村实际。

二是农家乐所在地区相关主管部门缺乏对农家乐旅游的统一规

划,使得当地农家乐开发存在一定的盲目性与无序性,导致部分旅游资源开发过度,造成资源浪费。

2. 定位模糊,未来发展方向不清晰

由于对农家乐的研究还未形成系统和体系,人们对农家乐尚未达成统一的认识。地方政府在引导上不够及时,加之农家乐经营者过度关注当下的利益,对未来缺乏长远打算,使得农家乐跟风经营现象严重,没有一个统一的方向和定位。

3. 游客的参与度不够

农家乐的经营多是采取快进快出的浅层旅游方式,因此活动开发方面存在欠缺。例如对健身类的活动、具有文化性质的体验活动等开发不足,缺乏科学的策划和安全保护措施,使得游客能参与的活动较少,或即便有活动也不敢尝试参与。

4. 对乡村文化内涵挖掘不够

农家乐经营主体多是农户,多注重经济效益,缺乏社会效益的考虑。在经营上多是跟风发展,雷同化倾向严重,品牌意识淡薄,旅游产品文化含量相对较低,对生态文化、乡土文化、乡村民俗文化等的内涵挖掘不够深入。

5. 服务设施与服务水平参差不齐

由于缺乏统一规划、定位不清,在建设农家乐时毫无头绪,觉得什么重要就建设什么,而当真正对游客开放时,却缺乏配套的服务设施。例如有些农家乐旅游地区的环境脏乱差,必要的洗浴设施建设不到位等。

而在服务水平方面,部分农家乐经营者未参加过规范化的服务技能培训，一般是靠自我特长或者是在一定区域的做菜"名声"进行经营，缺少必要的卫生防疫知识和业务技能；而其服务人员也未经过专业的服务培训。这一系列的问题说明农家乐的服务水平有待提升。

1.4 解决农家乐发展问题的对策

1. 争取政府的支持和引导

"十三五"规划对乡村旅游提出了一系列的发展规划和要求，政府将会加大对乡村旅游的支持力度。作为农家乐的经营者应了解政府对于乡村旅游的政策，统一在政府的规划下对资源进行利用，并争取政府对农家乐的最大支持。只有借助政府的"东风"，个体农家乐经营者才能规避不必要的风险，以最少的自有资源获得最大的发展。

2. 突出生态性和文化性

乡村旅游最大的特点就是生态与乡土文化，这两个特点也是游客所追求的。农家乐经营者一方面应专心挖掘当地文化；另一方面要与时俱进，追求健康和生态发展。通过开发具有深层文化内涵的活动来提高游客的回头率。

3. 突出"农""土"特色

农家乐的主要目标游客是都市人群，都市人之所以选择到乡村来旅游，很大程度是为了远离城市的喧嚣，享受农村的静谧和风情。所以农家乐的经营者在进行品牌建设时，应以当地的风土乡情为根本进行产品的开发，突出农家农情，体现淳朴实在。通过突出"农""土"特色，不仅能吸引目标游客，更能凭借当地资源进行品牌建设，达到事半功倍的效果。

4. 制定切实可行的行业标准

制定相关管理规范，严格进行从业人员资格审查，对经营服务场地、设施、环境保护、服务项目、服务质量等方面提出要求，按照国家标准和行业标准加强对经营管理和服务质量的控制。

第 2 章 农家乐的设计

农家乐的 5 种发展类型
农家乐的 5 种经营模式

2.1　农家乐的5种发展类型

我国各地的自然环境和人文景观不同，文化历史和经济发展水平不同，形成的农家乐类型也是多种多样，下文列举了其中5种类型。

2.1.1　农业观光型农家乐

随着生活节奏的加快，人们利用闲暇时间外出旅游来调剂生活。其中，到农村放松自己成为不少游客的选择，于是观光农业应运而生。

观光农业是一种以农业和农村为载体的新型生态旅游业。在这种发展模式下，农户既为游客提供了参与性极强的旅游产品，又在产业结合的基础上缩小了农产品交易的中间环节，增加了经营者的收入。

2.1.2　休闲度假型农家乐

这种类型的农家乐依据当地优美的自然环境，发展集吃、住、休闲、娱乐、观光、旅游于一体的项目，以满足游客感受自然、休闲度假的需求。例如基于花卉田园等打造花汤养生、美食体验、花海住宿等特色度假产品，就是其中的一种运作方式。

2.1.3 民俗文化型农家乐

民俗文化型农家乐以民俗风情和民族村寨为特色,通过民俗文化、民族文化和村寨建筑来吸引游客。

西双版纳傣族园是西双版纳独一无二的自然生态村落,傣族园南依热情奔放的澜沧江,北依宁静秀丽的龙得湖,绿水长流,翠竹掩映,竹楼环抱,呈现出一派神奇美丽的亚热带傣族庭院风光。它被比作"孔雀尾巴上最靓丽、最夺目的羽翎",是傣家人的人间天堂。

2.1.4 农事体验型农家乐

不少人在都市待久了,就会对田园生活充满向往,虽说无法过上古人采菊东篱下的生活,但可以去农家乐品尝农家菜、享受慢生活,不失为一种放松的好方式。

对此,一些农家乐为游客提供各类体验式服务。这种发展方式被称为"农事体验型农家乐",其设计的项目,如让游客亲自参加农业生产劳动,包括播种栽苗、浇水施肥、松土除草等农事作业,同时也可参与采摘、收获、品尝等农业生产活动,使游客感受到更多的喜悦。

2.1.5　古村落型农家乐

古村落以其自身魅力,吸引了众多游客前来参观。一些地区的农家乐经营者依托当地资源优势,对古村落进行合理开发,开展农家乐业务。

> **实例参考**
>
> 明月湾古村位于太湖西山岛南端,至唐宋时期基本形成了状若棋盘的山村格局。后来,那儿又修建了大批精美的宅第,以及祠堂、石板街、河埠、码头等公用建筑。这种完善的村庄格局,一直延续到现在,并以其独特而完整的古村风貌备受世人的关注。村民们充分利用天赋山水、人文资源和劳作成果,大力发展农家乐旅游业务。

2.2　农家乐的5种经营模式

农家乐是一种新型的乡村旅游形式,随着乡村旅游产业的发展,农家乐的经营模式逐渐朝更多、更科学的方向发展。

2.2.1　独户经营模式

农家乐独户经营模式又叫作自主、分散经营模式,是指从事农家乐经营的农户在自主自发的基础上,以每个农户为单位,分散自主经营，农家乐的所有权和经营权合二为一，而不是以委托或租赁等方式交给外来企业或个人经营管理的一种模式。这一经营模式具有3个特点，具体内容如图2-1所示。

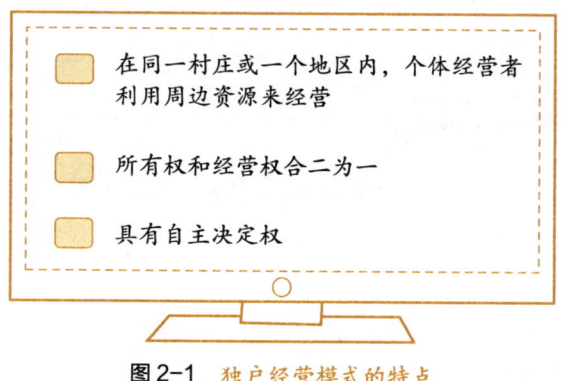

图2-1　独户经营模式的特点

实例参考

陆巷古村，自然资源丰富，环境宜人。此村位于苏州市东山镇，村内明清高堂巨宅鳞次栉比，有着"太湖第一古村落"的美誉。

随着陆巷古村旅游景点的开发，游客日益增多，当地居民利用有利资源，在村周边、太湖旁等地开发了农家乐旅游项目，提供吃、住、赏一条龙服务，让游客在这里收获更多快乐！

2.2.2　联户经营模式

农家乐联户经营模式是在早期通过经营农家乐而富裕起来的农

户的示范带动下,其他农户逐渐加入农家乐经营管理中来,从而形成的一种经营模式。

由于农家乐联户经营模式是在当地示范户的带动下发展起来的,地缘性较强,这就避免了与外界企业发生利益冲突和文化差异的问题,并且有利于保持原汁原味的乡土气息,对当地文化和特色的传承与发扬起到一定的积极作用。概括起来,这一经营模式具有如图2-2所示的两个特点。

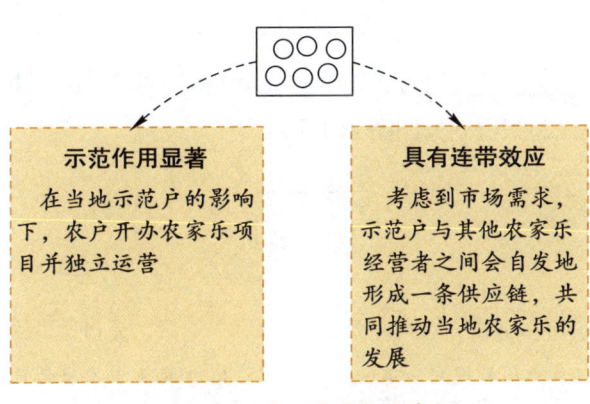

图2-2 联户经营模式的特点

实例参考

四马台村位于北京市房山区霞云岭乡,北京霞云岭国家森林公园内。该村依托当地资源优势,通过走"借绿兴旅、依旅兴村"的可持续发展之路,充分发挥精品民俗户的模范带头作用,以"联"为措施,以"富"为目的,以"吃农家饭、住山村别墅、休闲采摘"为主题，开展农家乐活动，形成"全村搞旅游、联户经营、共同致富"的新型旅游服务模式，旅游富民效益逐步明显。

2.2.3 "公司＋农户"经营模式

"公司＋农户"经营模式是由公司牵头，吸纳当地农民参与农家乐的经营与管理，并对农户的接待服务进行规范培训，实施统一管理，定期进行检查，从而保证产品质量和服务规范性的经营模式。该模式的职责划分如图 2-3 所示。

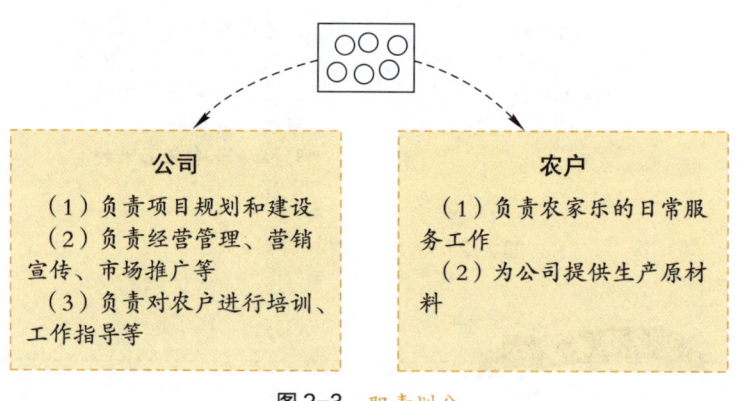

图 2-3　职责划分

在这种经营模式下，开发和经营管理所需资金，可以通过协商，按照一定的出资比例，由公司和农户共同承担；也可以采取入股的方式，村民的房屋、田地和果园等个人财产都可以作价入股，按股份分红。

> **实例参考**
>
> 锦江中华村农家乐是由锦江国际倾力打造的"锦江农家"第一村。村内生态自然、空气清新,处处皆是田野好风光。
>
> 农家客房在保留了金山民居"白墙、黛瓦、观音兜"原味风貌的同时,其内部按照星级酒店标准进行了统一装修,是上海郊区设施最为舒适、服务最为规范的农家乐之一。
>
> 中华村农家乐酒店厨师和本地厨师共同发掘整理推出的农家菜系,富有农家特色,其中阿婆红烧肉、菜汁饼等菜品深受游客的喜爱。

2.2.4 "公司+社区+农户"经营模式

"公司+社区+农户"经营模式是对"公司+农户"经营模式的改进,它在一定程度上能够充分保障开发和经营成本、利益的均衡分配。在这一模式下,"公司"有两种形式:一种是社区外的旅游公司或具有开发农家乐资质的公司,另一种是由村委会成立的乡村旅游公司。"公司"的职责是负责农家乐旅游的经营管理业务,如基础设施建设、营销宣传、服务监督等。

在"公司+社区+农户"经营模式下,"社区"一般是指作为社区代表的村委会,或者是当地的农家乐旅游协会。"农户"是指参与农家乐旅游经营的农户个体单元,也称"业户"。

采用这一经营模式有两个特点,具体内容如图2-4所示。

（1）开发者、管理者和实施者大多是本地人，这有利于农家乐旅游体现本土特色

　　（2）公司、社区、农户之间相互制约的关系有利于彼此监督、相互合作，从而保证了合作关系的稳定性

图 2-4　"公司＋社区＋农户"经营模式的特点

2.2.5　农家乐专业合作社经营模式

　　为了更有效地整合资源，规范农家乐经营，可以将经营农家乐的多个农户组织起来，成立农家乐合作社。

　　成立农家乐合作社，由合作社统一分配客源、统一宣传、统一经营。农户可共享客源信息，避免恶性竞争，形成"和谐致富"的良好局面。在这一模式下，农家乐合作社可以为农户提供技术服务和信息指导，帮助其加强内部规范化管理；农户负责农家乐的具体经营事务。概括起来，这一经营模式具有两个特点，如图 2-5 所示。

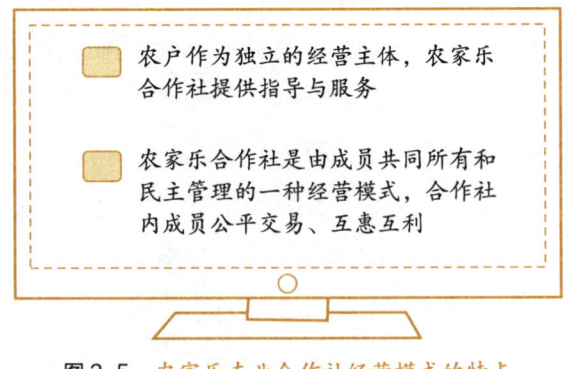

图 2-5　农家乐专业合作社经营模式的特点

农家乐专业合作社经营模式，能够充分发挥农民的自主意识，加强农家乐经营者内部联系，实现互惠互利，减少恶性竞争，形成规模效应和地区品牌优势。

上文对农家乐的独户经营、联户经营、"公司＋农户"、"公司＋社区＋农户"、农家乐专业合作社5种经营模式进行了简要的介绍。农家乐经营者或准备开办农家乐的人员可以根据自身情况选择合适的模式，以提高经营效率，实现利益最大化。

第3章 农家乐的创办与宣传

农家乐的创办手续

农家乐的推广渠道

3.1　农家乐的创办手续

农家乐集餐饮、住宿、娱乐于一体,而创办一家农家乐则应按照国家有关规定,办理相应的手续。农家乐必须在办理好营业执照、税务登记以及其他一些相关手续后方可经营。这里为读者提供一些基本信息,具体办理时可依各地方相关职能部门的要求进行筹备。

3.1.1　办理营业执照

1. 一般情况

营业执照是经营农家乐所必需的最基本的证件。因此,开办农家乐首先要向所在地工商行政管理部门提出开业申请,领取登记表;然后到卫生部门办理卫生许可证;卫生许可证办理好后,连同其他文件上交工商行政管理部门。

(1)农家乐法人登记需要的材料。申请农家乐法人登记应提交的材料如图3-1所示。

(2)农家乐营业登记需要的材料。农家乐申请营业登记应提交以下材料:

1)登记申请书。

2)资金证明。

3)负责人任职文件(附身份证复印件)。

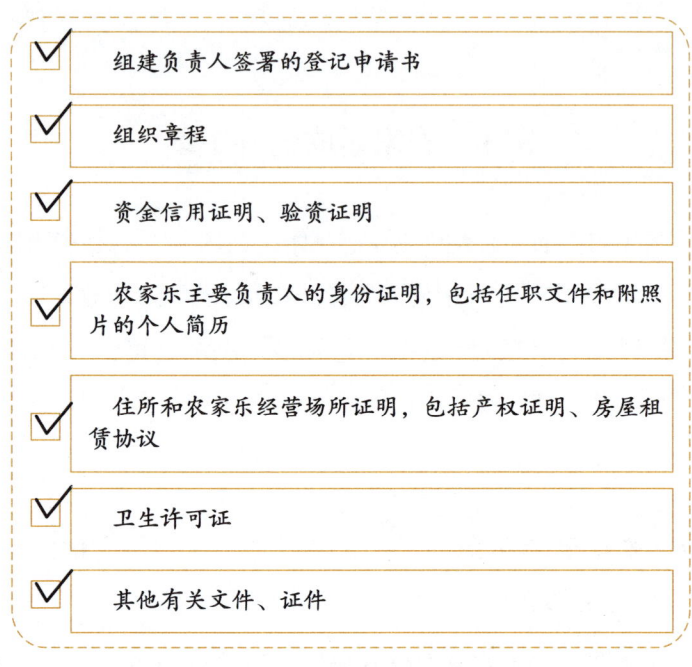

图3-1　农家乐法人登记需要提交的材料

4）场所使用证明。

5）卫生许可证。

6）其他有关文件、证件。

（3）取得营业执照的过程。以上文件上交后，工商行政管理部门要进行受理、审查、核准。在此阶段，农家乐应接受工商行政管理部门的调查核实。登记机关审核批准后，为符合条件的独资农家乐、合伙农家乐颁发营业执照，为有限责任公司颁发农家乐法人营业执照，并通知法定代表人或农家乐负责人领取营业执照。领取营业执照时要履行签字手续，交纳一定数额的登记费。

2. 特殊情况

如果所开办的农家乐达不到私营企业的条件,属于农户自己经营或是两人以上合伙经营的,则应办理个体工商户的营业执照。由申请人向所在地工商行政管理部门递交申请,填写个体工商户申请登记表,填好后连同申请人身份证复印件、照片及卫生许可证一起上交工商行政管理部门。

个体工商户申请登记表的主要内容如图3-2所示。

> （1）单位名称（名称要符合登记管理的有关规定）
> （2）经营者姓名及住所（填写户籍所在地详细地址和现住址）
> （3）经营场所（要有产权单位或私人盖章的租赁证明）
> （4）从业人员（附从业人员身份证复印件、健康证复印件）
> （5）资金数额（指申请开业的注册资金）
> （6）经营范围
> （7）经营方式

图3-2 个体工商户申请登记表的主要内容

工商行政管理部门收到全部文件并核准登记后,颁发营业执照；不予登记的,书面通知申请人。办理营业执照需交纳手续费。

3.1.2 进行税务登记

农家乐申办者领取营业执照后,务必在30日内向当地税务机

关申请办理税务登记，如实填写税务登记表。

填写税务登记表后，连同下列文件一起上交税务机关：

（1）营业执照。

（2）有关章程、财务制度。

（3）银行账号证明。

（4）负责人身份证复印件。

（5）其他文件资料。

税务机关在收到纳税人上交的文件资料后，应自收到之日起30日内审核完毕。符合规定的，予以登记并颁发税务登记证件。

3.1.3 办理其他手续

上述程序办理完毕后，农家乐申办者还需办理其他手续，具体内容见表3-1。

表3-1 办理其他手续说明

工作事项	说明
刻制印章	领取营业执照后，要在工商行政管理部门指定的地点刻制印章
办理健康证	农家乐全体员工都要进行体检，办理健康证
办理代码证书和代码章	为使农家乐接受国家计算机管理，要办理代码证书和代码章，办理地点为技术监督部门
申请账号、购买支票	到银行办理申请账号手续，并购买支票

续表

工作事项	说明
环保工作	与环保、市容等部门联系,了解有关政策,领取处理污水、废气排放许可证
消防工作	安排好防火各项事宜,接受所在地防火部门的检查,取得消防合格证书
其他事项	如因业务发展需要增设体育设施、游乐设施等,需得到相关部门的许可

3.2 农家乐的推广渠道

3.2.1 网络推广

随着互联网和移动互联网的发展,网络推广成为企业营销不可缺少的一部分,农家乐也不例外。

1. 软文推广

对农家乐来讲,可以让游客描述自己在农家乐游玩的感受,并在内容中适当插入照片,以图文并茂的形式发送到传播平台上。其发布的平台包括但不限于如图3-3所示的5种。

2. 搜索引擎推广

农家乐也可以通过搜索引擎付费推广,使游客了解农家乐的信

```
                  论坛,选择在人
门户网站,在门         气旺的论坛上发帖,
户网站上发布农家        为自己经营的农家
乐的有关信息,使         乐做推广
游客了解农家乐

              平台

                   社群平台,如在微博、
行业网站,如在旅         QQ、微信等社交工具上
游网站上发布软文         发布软文,为农家乐做推
                   广

         第三方消费点评网站,在
         这类平台上,每一个评论者
         的意见都可能会带动新的消
         费。因此,农家乐若能将此
         类平台运用得当,会产生意
         想不到的口碑传播效果
```

图 3-3　农家乐软文发布平台

息,进而促进销售。农家乐在采用这一方式进行推广时,需要把握如下两个要点:

(1)内容呈现做到图文并茂。点击链接的内容,采用图文并茂的形式更能吸引游客的眼球。

(2)关键词的设置要恰当。游客在运用搜索引擎工具查找农家乐的信息时,要输入关键词。如果关键词的设置符合游客搜索习惯,那么在搜索结果中,农家乐的信息就会呈现在页面前端,这样推广就取得了效果。

对此,农家乐最好有一个自己的网站,网站页面包含自身的活动信息、提供的服务、本店的一些优势等内容。有了这些信息,游客通过链接进入网站成交的概率就会更高。

3.2.2 与旅行社合作

为了吸引更多的游客前来自己经营的农家乐消费,不少农家乐开办者选择与旅行社合作进行产品推广。

农家乐在与旅行社合作时,双方要签订一份合作协议,协议内容包括但不限于如图3-4所示的4个方面。

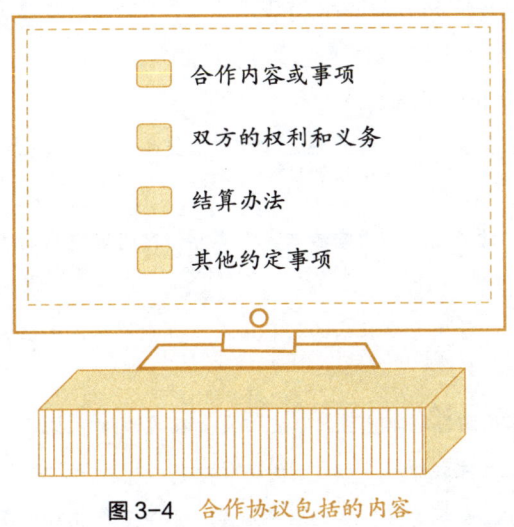

图3-4 合作协议包括的内容

下面是一则合作协议范本,仅供读者参考。

甲方：

乙方：

为推动农家乐旅游的快速发展，本店甲方与××旅行社（乙方）开展农家乐旅游合作活动。为明确双方的权利与义务，特签订如下协议，以便共同遵守。

一、甲方的权利与义务

1. 甲方应当配合乙方发布完善的农家乐信息，包括农家乐设施、简介、客房资料及图片等。

2. 甲方应当向乙方提供准确的消费价格，如遇到价格调整、爆满及农家乐设施发生变动等情形时，应通知乙方客服进行调整，以保证游客获得信息的准确性。

3. 甲方应当尽心照顾好乙方带来的游客。如因甲方原因造成游客损失，甲方应当承担相应的赔偿责任。

二、乙方的权利与义务

1. 乙方负责对甲方的业务进行推广，提高甲方的关注度，促进游客消费。

2. 乙方对甲方信息的宣传需客观实际，对游客提出的各种问题要及时反馈。

3. 乙方负责甲方农家乐的信息发布及日常维护，保证农家乐信息及时更新、完善。

4. 农家乐游客订单产生后，乙方负责及时通知甲方。

5. 游客入住成功后，乙方及时回访游客，增加甲方的点评量。

6. 乙方应确保游客行程的服务质量，不得有变相加价或降低服务标准等损害游客权益的行为，否则因此而造成的一切后果由乙方负责，甲方不承担任何责任。

三、利润分成与结算模式

乙方同意按每一单旅游销售额的____%提成给甲方，或者按每人____元作为佣金返还给甲方。

……

四、其他条款

（略）

五、本协议有效期自____年____月____日至____年____月____日，自双方签订之日起生效。

六、本协议一式两份，双方各执一份。如有未尽事宜，协商解决。

甲方：　　　　　　　　　　乙方：

日期：　　　　　　　　　　日期：

盖章：　　　　　　　　　　盖章：

3.2.3　电视广播推广

故事导入

纪录片《记住乡愁》曾播出一期介绍陆巷古村的节目。在为期10天的拍摄过程中，摄制组对陆巷古村"崇文重教"的优秀传统作了重点提炼，古村历史、文化传承、风情民俗、山水风光等内容一一收入镜头。该节目除了起到弘扬中华优秀传统文化、增进人们对神州大地的爱恋之情外，对带动陆巷古村的民俗游也起到了很大的推动作用。

借助电视宣传方式能使消费者认识新产品，带动企业发展，为企业带来经济效益。因而，借助电视广播发布广告是农家乐进行产品推广的一种方式。

农家乐经营初期，由于各方面条件有限，可以选择在本地电视台投放农家乐的广告，扩大自身影响力。后期随着实力的增强，可以考虑在影响力更大的电视台投放广告。

相比电视广告，在广播电台做广告的费用会低些。对此，农家乐可以考虑在公交车、出租车等交通工具上有较高收听频率的电台投放广告。

广告通过信息的传播起到促进、劝服、增强、提示的作用，而广告词往往在广告中起到画龙点睛的作用。关于农家乐广告语的设计，图 3-5 提供了 3 点建议，供读者参考。

对联型	即将自己经营的农家乐的名字巧妙地嵌入对联中。这样的广告语设计，一方面能使游客快速接受，另一方面也可显示农家乐的文化底蕴
诗词自编、改编型	这类广告语与对联型广告语有着异曲同工之处，有时甚至更胜一筹
体现自家特色	这类广告语是用优美的文字将农家乐的经营特色体现出来，容易打动人心

图 3-5　*广告语设计的要求*

最好的广告语一定是能给游客留下深刻印象的广告语，所以农家乐经营者要结合自身经营特色，灵活运用各种方法来设计广告语，从而达到推广的目的。

3.2.4 户外媒体推广

故事导入

1925年，埃菲尔铁塔上首次出现由霓虹灯组成的7个字母——CITROEN（雪铁龙）广告，成为街头巷尾人们议论的话题。如此规模的广告不仅在巴黎乃至整个欧洲都引起了轰动，也使雪铁龙这一汽车品牌深入人心。

毋庸置疑，户外媒体推广也是助力企业品牌推广和产品营销的一种有效宣传方式。农家乐可根据自身实际，选择合适的户外媒体进行产品推广。图3-6介绍了4种主要的户外媒体形式。

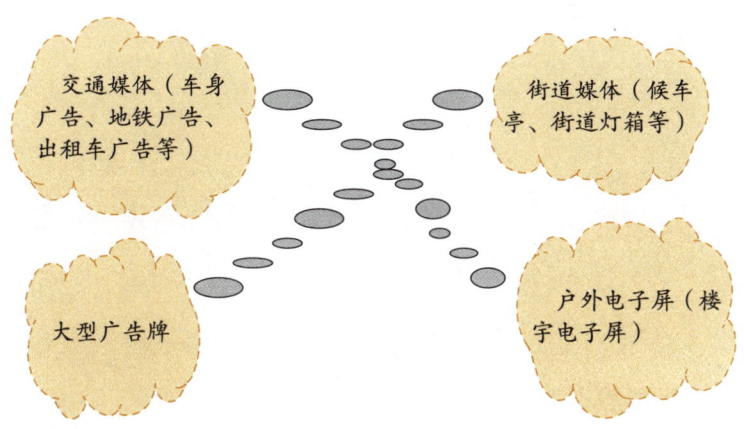

图3-6　户外媒体形式

　　传统户外广告营销的特征集中表现为产品展示，为了达到良好的推广效果，位置的选择至关重要。就农家乐而言，可以选择在大型商场、车站、地铁站等人流量大的地方投放户外广告，收到的效果会更好。

　　在移动互联网的环境下，农家乐采用户外媒体形式进行产品推广时，需要从互联网语境的角度来思考户外媒体所展示的内容，使户外媒体成为话题的源头，从而打破传统广告广而告之的旧模式，实现游客在社交媒体及互联网上的分享。

　　农家乐经营者要全方位、多层次地开展农家乐旅游宣传，积极扩大旅游市场。通过互联网等各种平台，发布农家乐景点、节庆活动、往返交通、服务设施以及客房、餐厅预订等信息，吸引更多的游客前来消费。

第4章 人员管理

人员招聘
员工培训
人员使用

4.1　人员招聘

4.1.1　确定招聘需求

　　当农家乐各职能部门因工作需要向人力资源部提出人员需求申请（见表4-1）时，人力资源部是否应立刻着手实施招聘呢？

表4-1　招聘需求申报表

招聘岗位		招聘人数		拟到岗日期	
招聘原因	☐扩大编制　　☐储备人员　　☐辞职补充 ☐临时需要　　☐其他原因				
岗位职责简述					
岗位任职资格要求					
其他招聘要求（是否需要猎头招聘等）					
部门负责人签字					
人力资源部意见					
总经理意见					

回答是：不一定。接到职能部门的人员需求申请时，人力资源部需对人员需求进行分析，具体内容如图 4-1 所示。

拟招聘岗位所负责的工作是一种常态，包括3个方面的内容：
（1）部门中每个人的工作量是否饱和？
（2）部门内部是否忙闲不均？
（3）部门的工作可否优化组合或跨部门进行调整？

提出人员需求申请

拟招聘岗位所负责的工作是否为暂时性的。如果只是暂时性的，则可以通过内部人员的工作调配来解决这一问题，而无须实施招聘

图 4-1　招聘需求分析

为了便于理解，下面举例说明。例如，某农家乐餐饮部要招聘一名领班，可以考虑从其他部门调配人员来补充。如果无法从其他部门调配人员，那么就要看这项工作可否以兼职的形式进行。

经过上述一番分析，农家乐人力资源部将各职能部门的招聘需求进行汇总，形成招聘需求汇总表（见表 4-2），并以此为依据，着手计划下一步的招聘工作。

表 4-2　企业招聘需求汇总表

部门	招聘岗位	招聘人数	性别	到岗时间

续表

部门	招聘岗位	招聘人数	性别	到岗时间

4.1.2 选择招聘渠道

招聘需求确定后，招聘负责人还需选择适合农家乐的招聘渠道。

招聘渠道是企业实现招聘需求的途径。按照招聘人员来源的不同，招聘渠道可分为内部招聘与外部招聘两种形式。

1. 内部招聘

内部招聘是指当企业出现空缺职位时，主要通过调配企业内部员工来解决。表 4-3 介绍了内部招聘的几种方式。

表 4-3　内部招聘的方式

方式	说明
晋升	通过企业内部晋升来招募人员
工作调换	工作调换也叫作"平调"，是在企业内部寻找合适人选的一种基本方法。它能为员工提供一个更广泛了解企业的机会，这对于员工今后的晋升是至关重要的
工作轮换	工作轮换和工作调换有些相似，但又有些不同。工作调换通常是永久性的，而工作轮换往往是临时性的。另外，工作调换往往是单独的、临时的，而工作轮换往往是两个以上的、有计划进行的

需要注意的是,农家乐经营中并不是所有的岗位都适合轮岗,所以应该按照一定标准选择轮换岗位。

(1)专业壁垒不强的岗位。即对专业要求不高,通过一定的培训,轮岗人员能够在短时间内适应新工作、完成新任务的岗位。

(2)在具有相关性(如流程上下游)的岗位间进行轮换。

(3)有些工作性质完全不同的职位是无法轮换的。

2. 外部招聘

传统的外部招聘包括广告招聘、人才招聘会、校园招聘、网络招聘、专业招聘机构(猎头公司)等,各种外部招聘方法的优劣比较见表 4-4。

表 4-4 各种外部招聘方法的优劣比较

方法	优点	缺点
广告招聘	(1)广告成本相对较低,容量大,信息传播速度快 (2)吸引更多的求职者 (3)可以树立企业形象	(1)不能控制招聘人员的数量和质量,筛选难度大 (2)不能进行面对面的交流 (3)不适用于经济不发达的地区
人才招聘会	(1)可以在短时间内收集较多求职者的信息 (2)招聘成本较低	很难招聘到高级人才
校园招聘	(1)能够招聘到足够数量的高素质人才 (2)新毕业的大学生可塑性强,学习愿望和学习能力也较强 (3)成本随招聘人数上升而下降	(1)缺少实际工作经验,培训成本较高 (2)对工作往往有过于理想化的期待,对自身能力也有不现实的估计,容易对工作产生不满

续表

方法	优点	缺点
网络招聘	（1）招聘成本较低 （2）信息收集及时，招聘周期可缩短 （3）不受地域限制，资源丰富	信息处理难度大
专业招聘机构（猎头公司）	（1）可以招聘到高级人才 （2）招聘到的人员素质有保障 （3）目标准确，服务专业	成本高

随着互联网技术的发展，通过社交媒介进行招聘，已成为一种新的企业招聘方式。在我国，很多社交媒介正在积极涉足招聘领域，如微博、微信、QQ等。

下面主要介绍企业如何运用微信这一工具实施招聘。招聘实施环节涉及的一些技巧如图 4-2 所示。

任何事情都有利有弊，新媒体招聘也是如此，作为招聘人员，最需要注意的是扬长避短，灵活运用各种招聘方法，这样才能为农家乐招聘到合适的人才。

4.1.3 岗位设置及职责

农家乐规模不同，发展速度不一，其岗位设置也不尽相同。表 4-5 提供了一则范例，仅供读者参考。

1	给自己企业的微信招聘公众号取个好记、有特点的名字,一般以公司名字+招聘为主
2	做好账号的日常运营工作,包括推送的内容、推送的时间、回复的时间等
3	运用关键词自动回复功能,引导和输出应聘者所需的内容
4	可以在推送的内容中设定应聘者单击应聘邮箱即可启动新建邮件功能,方便应聘者及时投递简历
5	设置链接可直接跳转至公司的网站,便于应聘者了解企业
6	微信招聘公共账号的粉丝数量达到一定规模后,还可以设计一些与招聘有关的活动,以配合其他招聘渠道的实施

图 4-2　微信招聘实施技巧

表 4-5　农家乐岗位设置及职责示例

部门	人员	岗位职责
营销组	活动运营人员	负责农家乐各类市场活动的策划与组织实施
		有针对性地开展活动
		根据需求配合节庆要点制订相关商业广告、服务策划及推广计划,举办商业活动并组织实施
	活动服务人员	为游客提供具有农家乐特色的观光、娱乐服务
		妥善处理游客的异议和纠纷
餐饮组	厨师长	根据农家乐的特色,设计富有新意的菜品
		协助农家乐管理人员做好重要接待工作
		根据厨房食材的使用情况,制订食材采购计划

续表

部门	人员	岗位职责
餐饮组	厨师长	主动听取游客的意见，不断改进和提高农家乐的食品质量
		检查厨房用具和设备的清洁、完好情况
		负责下属员工的培训与考核管理
	厨师	负责制订厨房各项工作计划
		对厨房的菜品质量和食品成本承担重要责任
		检查厨房所属各岗位员工的操作是否规范
		妥善处理游客对菜品的投诉
	服务人员	负责开餐前的准备工作
		爱护餐厅设施设备，并对其进行保养和清洁
		做好营业前后的卫生工作，保持餐厅环境整洁，确保餐具等清洁、完好
		严格按照餐厅规定的服务程序和服务规格，为游客提供服务
客房组	客房主管	向农家乐管理者提供有利于客房销售的建议
		合理控制经营成本，增收节支
		巡视民宿区域，检查设施设备完好情况
		处理游客投诉，提升民宿服务水平
	客房服务人员	了解游客需求，为游客提供优质服务
		及时补充游客住宿时所需的各类物品
		做好设备报修工作
		做好客房的清洁卫生工作
		认真听取游客意见，并将游客提供的合理化建议及时反馈给客房主管

续表

部门	人员	岗位职责
财务组	收银人员	及时完成游客的消费结算
		准确打印收费账单和发票
		按照规定程序操作收银设备，并做好设备的清洁、保养工作
		交接班时按照规定程序办理现金交接手续
	出纳	负责农家乐日常费用报销
		负责日常现金、支票的收入与支出，信用卡的核对
		认真登记现金日记账和银行存款日记账
		妥善保管有关印鉴、空白票据和空白支票
		做好农家乐员工工资、奖金等的发放工作
	会计	按照会计制度建账，设置会计科目，进行会计核算
		认真做好记账、算账、报表等工作，做到内容真实、数字准确、账目清楚、按期报账
		妥善保管会计凭证、账簿、报表等档案资料

4.2 员工培训

员工培训是农家乐经营管理中不可或缺的一环。通过对员工进行培训，可以提高农家乐的经济效益和管理运营水平，从而增强农家乐的市场竞争力。

农家乐对员工的培训可以从工作能力、服务知识、工作技能、员工心理、服务礼仪等方面进行。

4.2.1 工作能力培训

工作能力的大小对绩效的提高起着关键作用。由于每个岗位所需的工作能力不同，因此农家乐要对员工开展有针对性的工作能力培训。工作能力培训的内容包括但不限于如图 4-3 所示的 9 个方面。

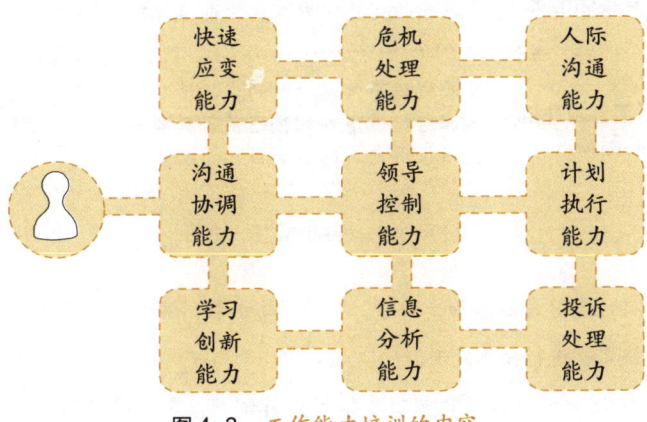

图 4-3　工作能力培训的内容

下面是某农家乐针对"投诉处理能力"培训制作的课件，仅供读者参考。

> **投诉处理程序**
>
> 　　农家乐领班需按如下程序处理游客投诉，以确保游客投诉事件的有效解决。

1. 分析投诉内容。饭店领班需分析游客的投诉内容，确定游客投诉是否成立，其判定依据如下图所示。

服务相关规定	依据餐饮服务相关规定，分析投诉内容，确定投诉内容是否属于界定的投诉范围
服务实际情况	将投诉内容与餐饮服务的实际情况进行比较，以判断投诉内容发生的可能性
投诉事件发生的实际情况	对投诉事件发生时的实际情况进行分析，确定游客对投诉事件的描述是否符合实际情况，从而判断投诉内容的客观性

投诉内容分析判定依据一览图

领班通过与游客初步沟通，了解游客的投诉内容，并依据农家乐相关规定，进行投诉处理。

2. 提出解决方案。领班需根据分析结果，并参照游客的投诉要求，制定解决方案。

（1）对于投诉不成立的，领班首先要向游客详细说明投诉不成立的原因，如有需要，提供相关证据。然后，饭店领班需为给游客带来不便，再次向游客道歉。同时，也可对游客提出的餐饮服务改进意见表示感谢。

（2）对于投诉成立的，领班需根据游客的投诉需求，制定解决方案，并将方案内容告知游客，获得游客同意。针对确定的投诉事件，领班常采取的处理措施如下表所示。

投诉处理措施说明表

措施名称	措施说明	适用情形
致歉	◎领班本人向游客道歉 ◎安排相关当事人向游客道歉	◎因服务人员的服务态度存在问题而导致游客不满
补偿	◎为游客更换有关菜品 ◎为游客办理退菜	◎菜品存在异物 ◎菜品相关原料变质,导致菜品变味 ◎上错菜品,游客难以接受错上的菜品
补偿	◎打折优惠	◎上错菜品,但游客可以接受错上的菜品 ◎因服务人员的服务态度存在问题而导致游客不满

4.2.2 服务知识培训

农家乐对员工进行服务知识培训,可以从民俗知识、营养知识、菜品知识、酒水知识、旅游地理知识等方面进行,以便员工更好地为游客提供服务。相关内容见表4-6。

下面对"酒水知识"中的"酒的品评"内容进行简单讲解。

品酒并不是喝酒,品酒是一门学问。正确的品酒步骤有5步,即观色、摇晃、闻酒、品尝和回味,餐厅服务人员应掌握各步骤的要领,如图4-4所示。

表4-6 农家乐服务知识培训

培训模块	培训内容
民俗知识	民俗节日
	传统民俗活动
营养知识	饮食营养成分
	健康饮食知识
	饮食搭配禁忌
菜品知识	中国八大菜系介绍及其各自特点
	常见的烹饪方法
酒水知识	酒的起源
	酒的质量鉴别
	饮酒礼仪
	茶文化知识培训
	饮茶用具介绍
	饮茶技艺介绍
旅游地理知识	中外著名景点介绍
	基础地理知识介绍

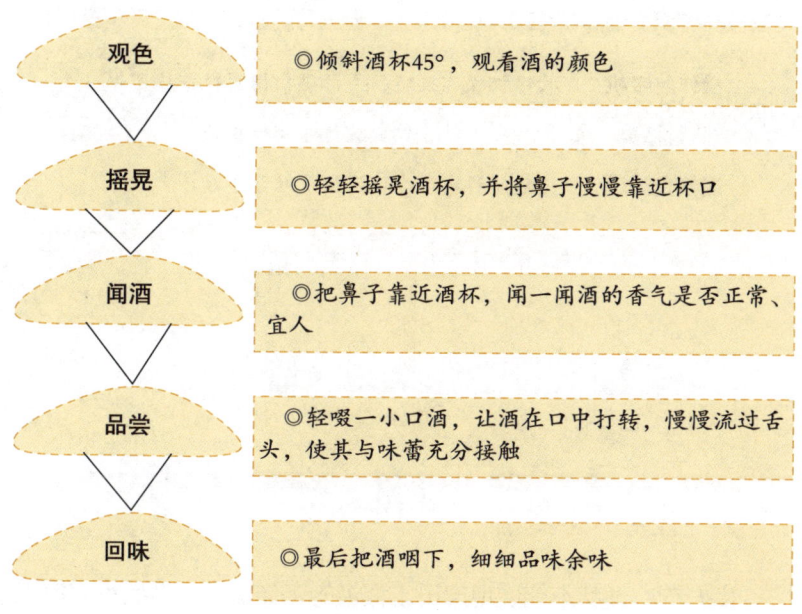

图4-4　正确的品酒步骤及要领

4.2.3　工作技能培训

农家乐员工能否完成既定的工作任务,与其工作技能的高低有很大的关系。例如对餐饮部厨师来讲,如果其工作技能高,则农家乐的食品就能更好地满足游客的口味,从而提高游客的满意度;如果其工作技能低,则会降低游客的满意度,因此有必要对其开展烹饪技能方面的培训。由此可见,对员工进行技能培训也是农家乐培训管理工作中的关键一环。

图4-5所示为农家乐收银员工作技能培训内容设计。

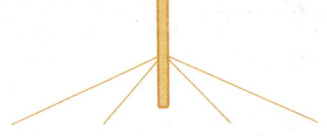

图 4-5　农家乐收银员工作技能培训内容设计

4.2.4　员工心理培训

良好的心理状态能展现出员工积极的工作面貌，对此，农家乐有必要对员工开展心理知识培训，以提升农家乐的服务品质。

图 4-6 所示为某农家乐针对"心态与压力管理"这一课程设计的培训内容，仅供读者参考。

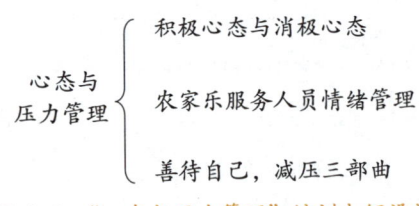

图 4-6　"心态与压力管理"培训大纲设计

4.2.5　服务礼仪培训

农家乐服务礼仪是服务质量、服务态度的直接表现，加强对农

第 4 章 人员管理

家乐服务人员礼仪的培训是十分必要的,它能提升农家乐的社会形象。农家乐服务礼仪培训内容设计如图 4-7 所示。

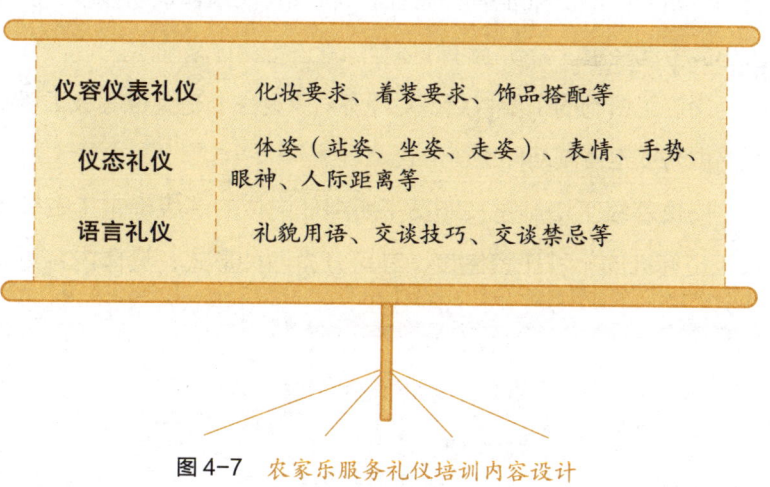

图 4-7　农家乐服务礼仪培训内容设计

4.3　人员使用

4.3.1　薪酬设计

薪酬是指员工为企业提供劳动而得到的货币和实物等报酬的总和。薪酬是每个员工都关注的问题,也是提升员工满意度的关键因素之一。

1. 薪酬制度设计

薪酬制度有多种形式,结合农家乐经营特点,岗位工资制是可

选择的一种形式。

岗位工资制是按照员工不同的工作岗位分别确定工资的一种工资制度。岗位工资标准主要通过对不同岗位的工作难易程度、责任大小、劳动轻重、劳动条件好坏等因素进行测评来确定。

岗位工资制的主要特点是对岗不对人，主要有岗位等级工资制和岗位薪点工资制两种工资形式。

岗位等级工资制是按照员工所担任岗位的等级确定工资等级和工资标准的一种工资制度，其可分为两种形式，具体内容见表4-7。

表4-7　岗位等级工资制形式

形式	内容介绍	特点
一岗一薪制	一岗一薪的岗位工资制是指每一个岗位对应一个工资标准，凡在同一岗位上工作的员工都执行同一工资标准	这种制度只体现不同岗位之间的工资差别，不体现岗位内部的劳动差别和工资差别
一岗数薪制	又称为岗位等级工资制，是指在同一岗位内设置几个工资等级，以反映同一岗位不同等级的差别	这种制度不仅体现出不同岗位之间的劳动差别，而且体现出同一岗位内部不同劳动者的劳动差异，并使之在劳动报酬上得到反映

表4-8为某农家乐为其厨师长设计的薪酬标准，仅供读者参考。

表4-8　某农家乐厨师长薪酬设计

	岗位工资	绩效奖金	福利
厨师长	A：____元/月 B：____元/月 C：____元/月	____~____元	社会保险+假期+节日津贴

2. 酒水推销提成设计

农家乐服务人员在为游客提供服务时，还有一种身份——酒水推销员。游客对农家乐的菜品和酒水有所了解并产生消费欲望，一方面是通过农家乐菜谱传达的视觉信息，另一方面则是通过农家乐服务人员的语言介绍等传达的听觉信息，而后者往往会对游客的消费欲望产生更加直接的影响。为了更好地激励服务人员进行酒水推销，农家乐需通过制定配套措施来达到这一效果。

业务提成是激励农家乐服务人员的一种有效手段，其设计方式如图4-8所示。

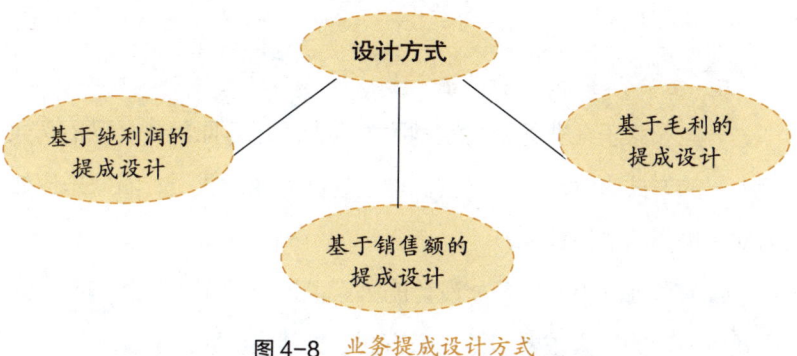

图4-8　业务提成设计方式

下面是一则酒水推销提成制度样例,仅供读者参考。

酒水推销提成制度

为提高酒水的销售额和农家乐员工的工作积极性,特制定以下酒水提成相关制度。

第1条 推销员在营业过程中必须积极推销各种酒水、饮料,但不得强制推销。在每餐营业结束后,本人需向吧台上报所推销的酒水、饮料种类和数量,由吧台负责人根据账单核对所报内容无误后做相关登记并签字确认。

第2条 吧台负责人根据登记结果做出销售日报表,并由当值领班和推销员共同签字确认。

第3条 吧台必须严格按照供应商提供的酒水、饮料品种进行分类统计,并在每月____日前将上月统计情况汇总到餐厅主管处。

第4条 本店依照____%的比例抽取销售提成。

第5条 在操作过程中,若有谎报数量及品种或违规操作的,一经核实,取消当月提成,并按相关制度严肃处理。

3. 农家乐兼职人员薪酬设计

一些农家乐在业务繁忙期间因为人力不足等原因,会以招聘兼职人员的方式来满足用人需要。对于这部分兼职人员,农家乐应如何对其进行薪酬设计呢?

(1)影响兼职人员薪酬设计的因素。通常情况下,影响兼职人员薪酬设计的因素主要包括3个方面,具体内容如图4-9所示。

| 兼职岗位要求 | 农家乐应根据兼职岗位、工作能力的不同制定不同的薪酬标准 |

| 兼职人员表现 | 大多数企业通常会对那些工作时间长、流动性小、工作业绩优秀的兼职人员采取薪资提升措施或建立转正制度，以改善其工作状态，提升其业绩水平 |

| 其他影响因素 | 企业所处地区劳动力丰富程度、企业所处的行业、企业规模大小等在很大程度上影响着兼职人员的薪酬设计 |

图 4-9　影响企业兼职人员薪酬设计的因素

（2）兼职人员计薪方式。通常情况下，兼职人员计薪方式一般有两种，如图 4-10 所示。

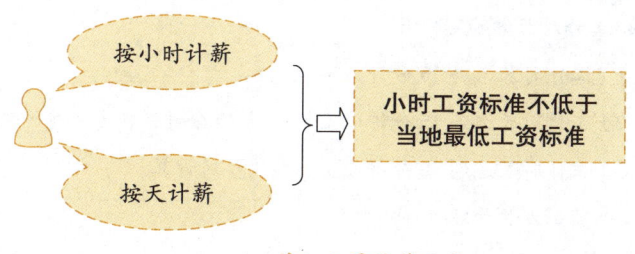

图 4-10　兼职人员计薪方式

（3）兼职人员薪酬设计方案。以下为某农家乐设计的兼职人员薪酬方案，仅供读者参考。

某农家乐兼职人员薪酬方案

一、薪酬方案设计目的

为增强兼职人员在工资分配上的公正和公平感,充分体现"多劳多得,公平分配"的原则,以达到激发员工工作积极性、提高工作效益、促进公司发展的目的,特制定本方案。

二、兼职人员薪酬架构

兼职人员薪酬 = 基本工资 × 工作时长

1. 基本工资

(1)兼职人员的基本工资依据其所担任的职务、技术、经验等因素,由人力资源部与兼职人员共同协商确定,并以合同形式加以明确。

(2)兼职人员基本工资的给付不得低于劳动部门所制定的最低工资标准,即不低于____元/小时。缺勤期间应从工资中直接扣除相等的缺勤基本工资额。

2. 工作时长的确定标准

(1)工作时长未满15分钟,不予计算。

(2)工作时长达到15分钟以上但未满30分钟,按半小时计算。

(3)工作时长达到30分钟以上,按1小时计算。

三、薪酬发放管理

1. 发放时间

兼职人员计薪周期为前一个月的____日开始到当月的____日为止,并以当月的____日为薪酬支付日。

2. 离职或解聘的薪酬发放

兼职人员申请离职或被解聘的薪金，应自离职之日起 ____ 日内计算并支付该员工已执行工作任务所应得的薪金（若申请离职日恰逢薪金支付日，则于当日计算并支付）。

4.3.2 绩效考核

1. 绩效考核方法

绩效考核方法有多种，不同的考核内容、不同的考核对象所采用的考核方法应有所不同。下文介绍了其中 3 种方法。

（1）量表评价法。量表评价法是根据设计的等级评价量表来对被评价者进行评价考核的方法。无论被评价者人数是多还是少，这种方法都适用。而且这种方法评价的定性定量指标较全面，因而应用广泛。

（2）360 度考核法。360 度考核法又称全方位考核法，是指从与被考核者发生工作关系的多方主体那里获得被考核者的信息，并以此对被考核者进行全方位、多维度的绩效评估的过程。

被考核者的信息来源包括：上级领导的自上而下的反馈（上级）、下属员工的自下而上的反馈（下属）、平级同事的反馈（同事）、企业内部协作部门和供应部门的反馈、企业客户的反馈（被服务对象）以及本人的反馈。

360 度考核法实施主体如图 4-11 所示。

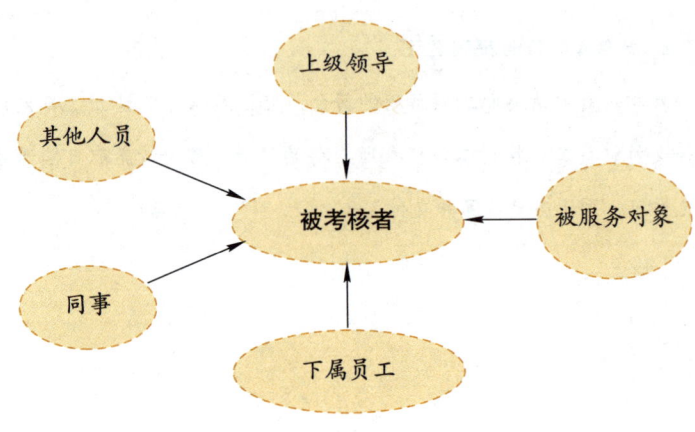

图 4-11　360 度考核法实施主体

（3）关键绩效指标考核法。关键绩效指标是用于衡量某一职位工作人员绩效表现的量化指标，它来自对企业总体战略目标的分解，是最能有效影响企业价值创造的关键驱动因素。

关键绩效指标的确立有一个很重要的原则，即 SMART 原则，具体内容见表 4-9。

表 4-9　SMART 原则

内容介绍	说明
Specific，明确的、具体的	绩效指标要切中特定的工作目标，不是笼统的，而是应该适度细化，并且随情境变化而发生变化
Measurable，可衡量的	绩效指标或者是定量化的，或者是行为化的，同时需要验证这些绩效指标的数据或信息是可以获得的
Attainable，可实现的	绩效指标在付出努力的情况下是可以实现的，主要是要避免设定过高或过低的目标，从而失去设立该考核指标的意义

续表

内容介绍	说明
Realistic, 现实的	绩效指标是实实在在的，可以通过证明和观察得到，而并非假设性的
Time-bound, 有时限的	绩效指标要使用一定的时间单位，即设定完成这些绩效指标的期限，这也是关注效率的一种表现

为了更清晰地对 SMART 原则进行说明，图 4-12 列举了一个实例，对此加以分析。

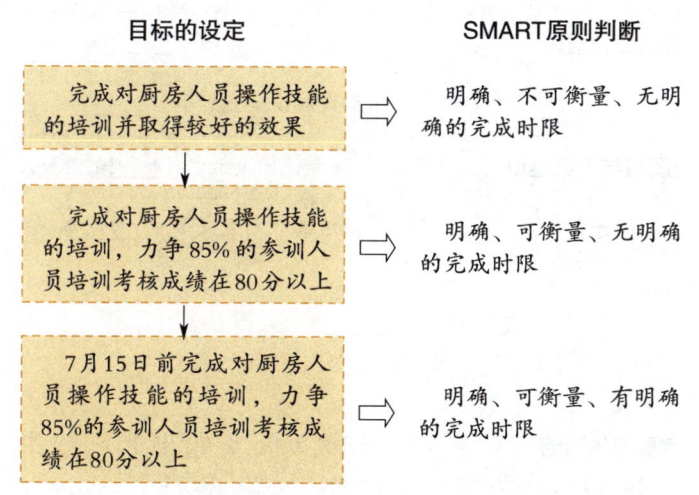

图 4-12　关键绩效指标设置实例

关键绩效指标是连接个体绩效与组织目标的一座桥梁，是针对对组织目标起增值作用的工作而设定的。它必须是定量化的，如果难以定量化，那么也必须是行为化的。

2. 绩效考核工具

绩效考核可使用表格作为工具,农家乐员工绩效考核表参见表4-10至表4-12。

表4-10　厨师长绩效考核表

考核内容	考核指标及目标值
餐饮销售计划	餐饮销售计划达成率为_____%
菜品开发与更新	菜品出新率为_____%
厨房工作管理	食品质量合格率为_____%
	厨房卫生合格率为_____%
	厨房设施设备完好率为_____%
菜品质量与上菜速度	游客投诉率低于_____%
员工培养	下属培训计划完成率为_____%

表4-11　客房服务员绩效考核表

考核内容	考核指标及目标值
楼层卫生清洁	卫生死角处为0,检查合格率为_____%
及时补充客房用品	无遗漏、延时等情形
做好房态记录	信息记录及时、无差错
设施设备报修	报修及时
客情关系维护	游客投诉次数为0

表4-12 收银员绩效考核表

考核内容	考核指标及目标值
为游客结算账款	出错率低于_____%
办理各种结款手续	手续办理及时、齐全
	没有依照农家乐规定办理手续次数为0
为游客提供咨询服务	信息提供准确、及时
操作收银设备	熟练使用收银设备

第 5 章 财务管理

财务管理的目标与内容
财务分析的内容与方法
农家乐财务管理

5.1 财务管理的目标与内容

5.1.1 财务管理的目标

财务管理是农家乐经营管理工作的一个重要组成部分,财务管理目标是一切农家乐财务活动的出发点和落脚点,是评价农家乐财务活动是否合理的基本标准。

农家乐财务管理的目标可概括为如图 5-1 所示的 3 点。

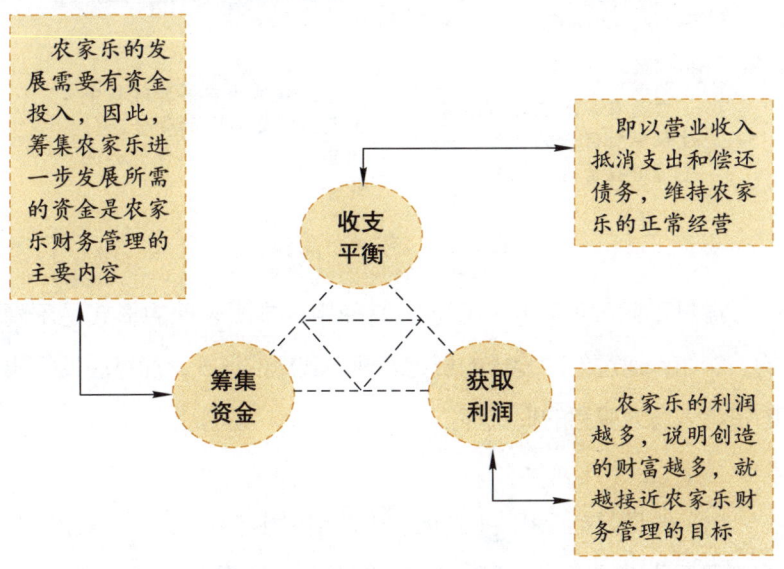

图 5-1 农家乐财务管理的目标

5.1.2 财务管理的内容

农家乐的财务管理是基于农家乐生产经营过程中客观存在的财务活动和财务关系而产生的，是农家乐管理的重要组成部分。

农家乐为了实现财务管理目标，就要合理控制成本，包括资金使用成本和财务管理成本。

1. 资金使用成本

资金使用成本是农家乐在资金筹集和使用资金过程中所付出的代价，包括资金占用费用和资金筹集费用两部分，如图 5-2 所示。

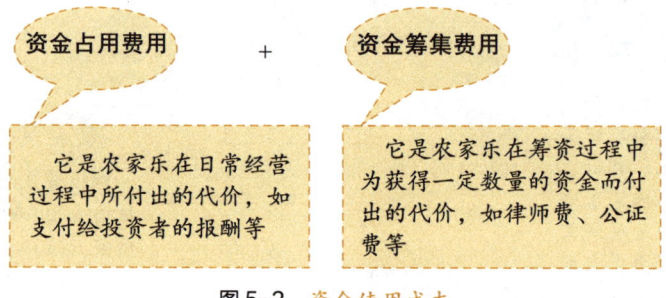

图 5-2　资金使用成本

通过不同渠道筹集的资金，其使用成本所表现的形式是不同的。例如，通过借款筹集的资金表现为利息的形式，通过股票筹集的资金表现为股利的形式等。

2. 财务管理成本

财务管理是指采用专门方法，以货币为计量单位，对农家乐经营管理活动进行连续、系统、完整的登记、核算和监督的一种经济活动。其具体内容包括如图 5-3 所示的 3 个方面。

故事说理

程超从小喜欢做饭，高中毕业后进入一所厨师学校学艺，他从厨师学校毕业后，厨艺有了不小的长进。

基于自己的兴趣和特长，他打算在自家附近开个饭馆。考虑到租门店、装修、招聘员工、购买食材等都需要资金，他想出了一个办法。他在村委会附近张贴了一份开饭馆的计划，计划书里写明他打算开饭馆的详细情况：需要6万元，参与的人可以出相应数额的钱，可以用来换取开办成功后的代金券、优惠券、订餐券、分红收益等。

附近的人都知道程超人可靠、厨艺好，所以很多人愿意支持他。不久，程超的饭馆开张了，且小生意蒸蒸日上。

资产 → 资产包括有形资产和无形资产，如现金、原材料是有形资产，土地使用权是无形资产。对有形资产进行管理会产生费用，对无形资产进行管理会产生折旧成本

负债 → 负债是指农家乐所承担的能够以货币来计算的可以用资产或劳务偿付的债务

所有者权益 → 所有者权益是指通过投资支持开办农家乐的所有股权者应得的收益，包括农家乐取得的红利、股息等

图5-3　财务管理成本

5.2 财务分析的内容与方法

1. 财务分析的内容

财务分析可以为农家乐的投资者、债权人、经营者及其他相关人员了解其历史、评价企业现状、预测未来并作出正确决策提供准确的信息或依据。

尽管不同农家乐的经营状况、经营规模、经营特点不同,作为运用价值形式进行的财务分析,归纳起来其分析的内容主要包括财务状况分析、获利能力分析、偿债能力分析和增长能力分析 4 个方面,见表 5-1。

表 5-1 农家乐财务分析的内容

内容	说明
财务状况分析	分析企业的财务状况,包括分析其资本结构、资金使用效率和资产使用效率等
获利能力分析	企业的获利能力是企业资金运行的直接目的与动力源泉,一般是指企业从销售收入中获取利润多少的能力
偿债能力分析	即分析企业资产结构,估量所有者权益对债务资金的利用程度,制定企业筹资策略
增长能力分析	企业的成长性是指企业通过自身生产经营活动,不断扩大和积累而形成的发展潜能。增长能力分析常用的指标有利润增长率、销售增长率、现金增长率、净资产增长率等

2. 财务分析的方法

财务分析的结果有助于农家乐调整经营决策，图5-4提供了3种财务分析的方法。

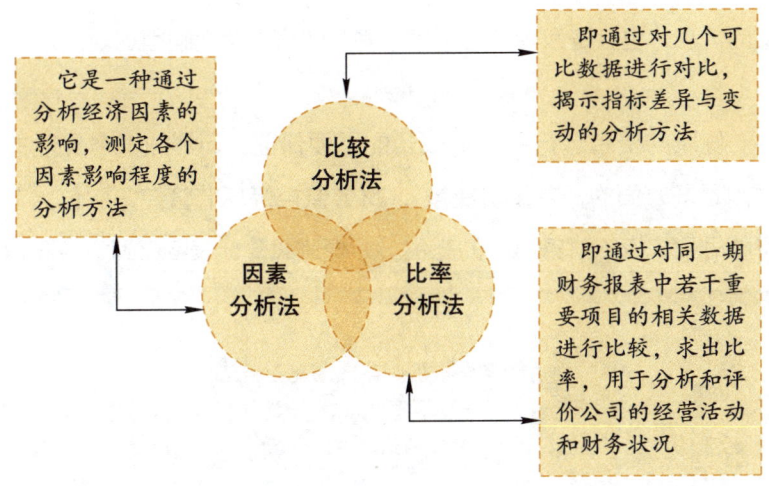

图5-4 财务分析的方法

5.3 农家乐财务管理

5.3.1 财务管理风险与控制

1. 农家乐财务风险的表现形式

农家乐在财务管理工作中，应结合自身实际进行财务控制，降低经营风险。概括来说，农家乐财务风险主要表现为两种形式。

（1）较低的投资回报率带来的风险。较低的投资回报率会导致企业出现经营困难，同时使得投资进行扩大再生产的能力也大大削弱。

（2）过度负债带来的风险。过度负债可能会使企业出现收不抵支的情况，也会导致企业信用度下降，使再融资面临困难。

2. 农家乐财务风险控制措施

健康的资本运行是企业成长的重要保证，而形成财务风险的原因是多方面的，若投资决策、财务监控等环节管控不到位，有可能导致农家乐财务风险的产生。为规避风险，表5-2列举了3项措施。

表5-2　农家乐财务风险规避措施

措施	说明
提高财务人员管理水平	农家乐财务人员应及时更新自身知识，提升专业技能，对农家乐的财务风险进行合理而精准的预测
构建完善的内部财务管控制度	降低成本费用是农家乐增加收入的基础，因此，农家乐需根据自身实际，制定一套完善的内部财务管控制度，以加强收支管理
建立完善的财务风险预警制度	农家乐应建立灵敏而准确的信息监测系统，并对收集到的市场信息进行分析，以此来预测和评估可能出现的财务风险，进而采取应对措施防范风险

> **故事说理**
>
> 　　一个富豪开着游艇出海度假,不幸遇上台风,游艇沉入大海。富豪套上救生衣在海上漂流,为了节省力气,富豪扔掉了所有东西,只留下一枚价值连城的钻戒。
>
> 　　富豪漂到了一个无名岛上,拿出钻戒与岛上的人交换食物,可岛上的人不知钻戒是什么东西,没有人肯与富豪交换。富豪无可奈何,只得揣着价值连城的钻戒为岛上的人干活以换取养命的食品。
>
> 　　道理:在风险面前,能规避风险的东西才是有价值的。

5.3.2　农家乐财务管理制度

1. 利润管理制度

利润管理制度样例如下。

利润管理制度

第1条　利润目标的制定和修改

(1)农家乐负责人于每年年初下达各部门的利润目标。

(2)各部门必须尽力实现利润目标。

(3)各部门确因特殊情况无法完成年初制定的利润目标时,必须说明原因,经农家乐负责人批准后,可核减指标。

第2条　控制费用开支

各部门根据年度利润目标和部门实际情况制订部门费用开支计划,

明确费用开支项目。各部门必须严格遵守费用开支计划,并通过增加资金周转次数、优化内部管理等方式降低费用水平。费用开支不得超过下达的费用额度。

第3条　各部门的利润交纳和核算

(1) 各部门负责本部门利润的明细核算,根据有关凭证,正确计算销售收入、成本、费用、税金及利润。

(2) 各部门于本月10日前向财务部上交上月利润,遇有特殊情况,无法按时上交时,需报主管领导批准后适当延迟,但最晚不得迟于本月15日前。

第4条　利润分配

(略)

2. 收银制度

收银制度样例如下。

收 银 制 度

第1条　收银员要爱护和正确使用收银设备,并做好相关柜台的清洁工作,保持桌面整洁、干净。

第2条　快速、准确地为游客提供结账服务。

第3条　工作时间不得携带私人款项上岗,不得将公款挪作他用。

第4条　收银时需按本店规定执行,不得擅自提高或降低物价。

第5条　收银时要做到唱收唱付,严禁出现"摔、甩、扔、丢"等行为。

第6条　收款过程中，做到快、准，不错收、不漏收，对于各种面额的钞票要验明真伪。

第7条　熟知公司概况及店内活动，在游客消费时，能及时、快捷地提供服务并向游客介绍店内各项活动。

第8条　严格按照游客的实际消费额开具发票，不得多开、虚开发票。

第9条　收银员因工作业务不熟练，导致工作程序出现错误或造成游客投诉以及给公司带来经济损失者，将处以____元以上罚款（经济损失按价赔偿）。

第10条　每班营业结束后，做好相关交接工作，不得向无关人员泄露有关本店营业收入情况及数据。

第11条　收银中遭遇突发事件应及时锁好钱箱，保持冷静，并协助当班店长作出应对处理。

第12条　积极参加培训，提高自身素质及专业技能。

3. 财务开支管理制度

财务开支管理制度样例如下。

财务开支管理制度

为规范和加强农家乐财务管理，严把资金开支关，提升资金使用效率，特作如下规定。

第1条　责权划分

（1）财务部是公司财务开支管理标准的归口管理部门。

（2）财务部负责依据预算对财务开支进行审核和报销。

（3）财务部严格按事前计划、事中控制、事后分析的原则，对计划内支出的项目及内容进行审核和控制。

（4）各部门（组）主要负责人为财务开支第一责任人，负责控制本部门（组）的一切支出。

第2条 管理规定

（1）经办人办理付款业务时，必须索取与业务相符的真实、有效的发票。

（2）农家乐的任何票据都必须经过公司总经理的签字方能报销。

（3）未经公司总经理审批的超支费用，财务部不予报销。

（4）应收款项要有专门的账本记录，并及时收回。

4. 物资保管制度

物资保管制度样例如下。

物资保管制度

第1条 物资保管员应依据库房的结构特点和储存物资的种类，制定物资储存规划。

第2条 不同性质的物资应分开存放，分类保管。

第3条 要经常检查储存的物资，对正在发生霉变或已损坏的物资，应立即采取措施予以处理。

第4条 日常消费品必须由专人保管。

第 5 条　农家乐员工领取物品必须开具票据，并有领用人的签章。

第 6 条　如果是借用的物品，需按时归还。

第 7 条　物资保管员需根据物资使用情况，及时向相关负责人提出物资采购申请，不得因物资短缺而影响农家乐的经营。

第 6 章

安全管理

提高安全意识
餐饮安全卫生
消防安全
人身与财产安全

6.1 提高安全意识

1. 预防为主

安全无小事，不能在问题出现后再进行处理。要想让农家乐长期稳定发展，就要为游客营造安全的环境。为了维持这个安全稳定的环境，需要农家乐全体工作人员树立安全意识。

农家乐上下应该树立"预防为主"的安全意识。这就要求管理者能透过现象看本质，深挖所有事故发生原因，将这些原因告知全体员工，让全体员工预防问题的发生，同时还要经常排查安全隐患。

2. 全体员工都要有安全意识

安全是任何组织和个人都不能忽视的问题。只有把好安全管理这道关，在保证安全的基础上进行经营，才能给员工最稳定的保障。

在农家乐经营过程中，安全管理能否顺利实施与每一个员工是否树立了安全意识有很大的关系。

管理者要做好员工的安全知识培训，定期进行安全讲评，利用各种媒介，特别是网络，引导员工交流互动（如建立微信群，在群里发送一些与安全有关的资料，让员工学习交流）。树立"安全靠大家"的意识，让员工以主人翁的态度对待安全。

3. 做好安全知识的宣传与培训工作

安全知识宣传与培训要从平时抓起，农家乐管理者可利用各种方式进行安全知识的普及工作，具体可参考图6-1。

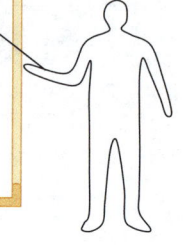

- 公司内展出安全宣传资料
- 定期进行安全知识培训
- 发放安全宣传小册子
- 组织观看媒体报道
- 组织安全员进行现场指导
- 利用网络进行交流

图 6-1　安全知识宣传方式

6.2　餐饮安全卫生

6.2.1　食品卫生要求

1. 食品采购卫生

食品采购卫生管理制度样例如下。

食品采购卫生管理制度

第 1 条　目的

为规范公司的食品采购卫生管理工作，确保采购的食品安全、卫生，符合公司要求，特制定本制度。

第 2 条　适用范围

本制度适用于公司食品采购卫生的管理工作。

第 3 条　食品采购人员必须熟悉本公司所用的各种食品与原料的品种及相关卫生标准、卫生管理规范和其他法律法规要求，掌握必要的食品感官检查方法。

第 4 条　食品采购人员采购食品时应遵循"用多少，买多少"的原则，采购的食品原料及成品必须色、香、味、形正常，采购肉类、水产品时要注意其新鲜度。

第 5 条　食品采购人员采购酒类、饮料、乳制品、调味品等食品时，应向供应商索取本批次的检验合格证或检验单。

第 6 条　食品采购人员所采购的用于清洗食品和食品用具、设备的洗涤剂、消毒剂必须符合相关国家卫生标准。

第 7 条　食品采购人员所采购的食品容器、包装材料和餐具、设备等都必须符合国家卫生标准和卫生管理办法的规定，有检验合格证。

第 8 条　食品采购人员禁止采购的食品品种主要包括下列 12 类。

（1）无证食品商贩售卖或来路不明的食品。

（2）腐败变质、霉变、生虫、污秽不洁、混有异物及其他不符合卫生标准要求的食品。

（3）含有毒有害物质或者被有毒有害物质污染，可能对人体健康有害的食品。

（4）含有致病性寄生虫、微生物或微生物毒素含量超过国家限定标准的食品。

（5）未经卫生检验或者检验不合格的肉类及其制品。

（6）因容器包装污秽不洁、有严重破损或运输工具不洁而造成污染的食品。

（7）掺假、掺杂、伪造，影响营养、卫生的食品。

（8）用非食品原料加工的、加入非食品用化学物质的或将非食品当作食品的。

（9）超过保质期限的食品。

（10）为防病等特殊需要，国家及地方政府专门规定禁止出售的食品。

（11）含有未经国家卫生行政部门批准使用的添加剂或农药残留超过国家规定容许量的食品。

（12）其他不符合食品卫生标准和卫生要求的食品。

第9条　食品采购人员在采购过程中需向供应商索取发票等购货凭证，并做好采购记录。

第10条　食品采购人员在向食品生产单位、批发市场等批量采购食品时，还应向其索取食品卫生许可证、检验（检疫）合格证明等，特别是熟肉制品、豆制品、凉拌菜等直接入口食品。

第11条　蔬菜等散装农副食品及鱼类等鲜活产品应保证从正规渠道进货，最好是定点采购，确保无农药及其他有毒有害化学品的污染，检查或索取检验合格证明。

第12条　采购定型包装食品和食品添加剂，食品商标上应有品名、厂名、厂址、生产日期、批号、规格、主要成分、保质期、食用或使用方法等中文标识内容。

第13条　食品采购人员所采购的进口食品、食品添加剂、食品容器、包装材料、餐具及设备等，必须符合相应的国家卫生标准和卫生管理办法的规定，有口岸进口食品卫生监督检验机构出具的检验合格证明，外文包装配有中文标识。

第14条　运输食品的工具（如车辆）应专用并保持清洁，严禁与其他非食品混装、混运。

第15条 运输冷冻食品应有必要的保温设备，运输过程中应能够防雨、防尘、防晒及防其他污染。

第16条 食品采购人员应对所采购的食品在入库前进行严格验收，出入库时做好登记，并建立出入库台账备查。

2. 食品加工卫生

食品加工卫生管理制度样例如下。

食品加工卫生管理制度

第1条 为加强食品加工环境卫生和设备卫生的管理，建立健全并保持整洁的加工环境，防止各种因素对食品安全造成危害，杜绝食品安全事故的发生，特制定本制度。

第2条 本制度适用于食品加工卫生的管控工作。

第3条 食品加工人员应保持良好的个人卫生，不得留长指甲和涂指甲油，且烹调前应洗手、消毒，穿戴清洁的工作服和工作帽、工作鞋。

第4条 食品加工人员严禁穿工作服进出卫生间，工作中手心出汗或有不适应等情况时必须重新洗手、消毒。

第5条 食品加工人员（含新参加工作人员）必须持有有效的健康证明方可上岗操作；食品加工人员患有有碍食品安全的传染性疾病（如痢疾、伤寒、病毒性肝炎、活动性肺结核、化脓性或渗出性皮肤病等）或手有外伤等情况，必须立即调离食品加工岗位。

第6条 食品加工人员在工作前后及工作中必须按规定对机械设

备、工器具进行清洁和消毒。

第7条 每天工作结束后,食品加工人员应及时清除垃圾,垃圾桶每日清洗,保持内外清洁卫生,遵守厨房卫生管理制度。

第8条 食品加工人员不得在加工、清洗食品原料的水池内清洗拖布。

第9条 食品加工人员应遵守食堂卫生管理制度,分设肉类、水产类、蔬菜类食品原料加工洗涤区或洗涤池,并要有明显标志。食品原料的加工和存放要在相应场所进行,不得混放和交叉使用。

第10条 加工肉类、水产类、蔬菜类食品原料的操作台、用具和容器要分开使用,并要有明显标志;盛装海产品的容器要专用。

第11条 各种食品原料不得就地堆放。食品加工人员清洗加工食品原料必须先检查质量,发现腐烂变质、有毒有害或其他感官性状异常,不得加工。

第12条 蔬菜类食品原料要按"一择、二洗、三切"的顺序加工,彻底浸泡后清洗干净,做到无泥沙、无杂草、无烂叶。

第13条 肉类、水产类食品原料的加工要在专用加工洗涤区或洗涤池进行。肉类清洗后无血、毛、污;鱼类清洗后无鳞、鳃、内脏;活禽宰杀放血完全,去净羽毛、内脏。

第14条 食品加工人员应做到刀不锈、板不霉、整齐有序,保持室内清洁卫生。加工结束后应及时拖净地面,清洗干净水池、操作台、加工用具和容器等,并定位存放;切菜机、绞肉机等机械设备用后拆开清洗干净。

第15条 食品需要造型时,食品加工人员必须使用经消毒的工具。食品容器使用后应放入专用保洁柜内,不得落地存放。

> 第16条 食品加工人员必须经常对工具、容器、设备进行清洗，保持清洁，刀、砧板、盆、抹布用后须清洗、消毒；直接接触食品的加工用具、容器必须彻底消毒。
>
> 第17条 加工后的成品应与半成品、原料分开存放。需要冷藏的熟制品，应尽快冷却后再冷藏。
>
> 第18条 工作结束后，食品加工人员要保证调料加盖，并做好工具、容器、灶上灶下、地面墙面的清洁卫生工作。

3. 食品储存卫生

食品储存卫生管理制度样例如下。

食品储存卫生管理制度

第1章 总则

第1条 目的

为规范公司食品储存卫生管理日常工作，维护食品仓内环境卫生，保证食品质量，特制定本制度。

第2条 适用范围

本制度适用于对食品储存卫生管理相关事项的管控。

第2章 食品储存卫生管理实施要求

第3条 食品储存管理人员对采购的食品及原料要认真验货，做好登记，验收合格后方可入库保存。

第4条 食品储存管理人员有权拒收不符合相关卫生标准的食品及原料入库，并做好相应记录。

第5条　食品储存管理人员应将食品及原料分类分架、隔墙离地存放。

第6条　食品储存管理人员负责对货架上的食品严格标明采购日期、产品名称、产地、规格、生产日期及保质期限，做到账、卡、物相符，挂牌存放，并做到先进先出。

第7条　食品储存管理人员存放的食品及原料应有外包装，并标明产品名称，定型包装食品应贴有完好的出厂标识，禁止存放无标识和标识不完整、不清晰的食品及原料。

第8条　食品储存管理人员应经常检查所存放的食品及原料，发现有霉变或包装破损、鼓袋等感官异常、变质的食品要及时清出。

第9条　食品储存管理人员应在清出的食品上标明"不得食用"的字样，并及时销账、处理、登记与保存记录。

第3章　食品储存冷库卫生管理

第10条　食品储存管理人员应每季度对各冷库进行一次清洗，保持冷库清洁。

第11条　食品储存管理人员负责每周清理冷库通道墙身，保持冷库通道两边墙身的干净、整洁。

第12条　每天上午发货后，食品储存管理人员应及时清洁冷库通道地面、食品仓通道以及干货仓、味料仓等的地面，使之保持干净、整洁。

第4章　食品储存仓库设施卫生管理

第13条　食品储存管理人员负责每天上午对货架上的可清洗部分进行清洗。

第14条　食品储存管理人员应每天对所有仓库内的杂物进行清

理，包括空纸皮箱等，保持各仓库食品摆放整齐干净。

第15条　食品储存管理人员应每周擦拭消防器材，保持消防器材无灰尘。

第16条　每月月底应对各食品仓库墙身进行一次清洗擦拭工作，保持墙身光亮。

第17条　仓库内的墙身以及冷库通道的磅秤每月月底要清洗一次，保持磅秤干净、无污渍。

第18条　食品储存管理人员应定期对食品仓库的各类设施进行消毒处理。

第5章　进库人员卫生管理

第19条　无关人员不得进入各食品仓库和冷库。

第20条　进库人员需穿着经过消毒处理的服装，不得携带有可能影响食品仓库卫生的任何物品。

第21条　进库人员离开后，食品储存管理人员应及时对食品仓库进行卫生清理，必要时进行消毒。

第6章　卫生管理监督、检查

第22条　食品储存管理人员每天下班前应对仓库进行全面卫生检查，发现问题及时处理并做好记录。

第23条　卫生管理主管每周至少对食品仓库进行两次检查，消除卫生隐患，提出卫生管理改进意见。

第24条　卫生管理经理每月至少对食品仓库进行两次检查，发现问题及时组织处理。

第7章　附则

（略）

6.2.2 餐具卫生要求

食品餐具卫生管理制度样例如下。

食品餐具卫生管理制度

第1章 总则

第1条 目的

为明确食品餐具卫生要求,给游客提供合乎卫生、对人体安全的餐食,根据国家颁布的食品卫生法律法规,特制定本制度。

第2条 适用范围

本制度适用于食品餐具的卫生管理,相关厨房设备、炊具、餐具的卫生管理工作均参照本制度相关规定实施。

第3条 职责分工

(1)卫生管理员对食品餐具的卫生情况进行检查,并及时处理不合格现象。

(2)后厨人员负责食品餐具的日常卫生清洁工作。

第2章 餐具清洗管理

第4条 餐具清洗必须在专间进行,间内设有专用的清洗设施,各类设施必须明显标示用途。

第5条 餐具清洗必须做到"一刮、二洗、三冲、四消毒、五保洁"。后厨人员使用的洗涤剂、消毒剂应符合卫生要求。

第6条 使用餐具洗涤消毒机进行餐具洗涤消毒,后厨人员应注意下列问题:

（1）餐具在洗涤架上的摆放应符合要求，不可乱堆乱放，以免影响洗涤消毒效果。

（2）洗涤机工作水温控制在80℃左右。

（3）洗涤、消毒液应临时配制，随时更换。

（4）洗消完毕后，应检查餐具洗涤消毒效果，达不到卫生要求的，应重新进行洗涤消毒。

（5）洗碗机应经常检修，保持其正常的工作状态。

第7条　在清洗餐具时，后厨人员应注意以下事项：

（1）如果餐具表面的污物容易去除，如果汁、果酱、残酒、汤水等，设备和餐具的清洁、卫生处理可以同时进行。

（2）倘若污物过于黏结，如油脂、牛奶、鸡蛋等，则必须先将污物去除，然后再进行卫生消毒处理。

第3章　餐具消毒管理

第8条　餐具煮沸消毒，一般做法为将洗涤洁净的餐具置入沸水中消毒2~5分钟。

第9条　餐具蒸汽消毒，一般做法为将洗涤洁净的餐具置入蒸汽柜或蒸汽箱中，使温度升至100℃，消毒5~10分钟。

第10条　使用红外消毒柜等消毒餐具，温度一般在120℃左右，消毒15~20分钟。

第11条　餐具化学消毒，即后厨人员使用餐具消毒剂进行餐具消毒。化学消毒的要求如下：

（1）选用的消毒剂必须是经卫生行政部门批准的餐具消毒剂，不能使用非餐具消毒剂进行餐具消毒。

（2）使用餐具消毒剂进行消毒的浓度，必须达到该产品说明书规

定的浓度。

（3）将餐具置入消毒液中浸泡10~15分钟，餐具不能露出消毒液的液面。

（4）餐具消毒完毕后，应使用流动水清除餐具表面残留的消毒剂，去掉异味。

（5）采用化学消毒时，应随时更新消毒液，不可长时间反复使用。

第12条　卫生管理主管应明确消毒记录要求。每餐消毒完毕后，后厨人员须认真填写"餐具消毒记录表"，并妥善保管，以备检查之用。

第4章　餐具存放卫生管理

第13条　餐具经消毒后，后厨人员应将其搁置在干净的架子上自然干燥，不能用抹布揩擦，以免重新污染。

第14条　已消毒和未消毒的餐具应分开存放。

第15条　橱柜、架子、推车等应做定期消毒，保持洁净。

第16条　消毒后的餐具应储存在专用保洁柜或保洁间内备用，保洁柜或保洁间应有明显标记。

第17条　保洁柜或保洁间内无杂物，无蟑螂、老鼠活动的痕迹。

第18条　保洁柜应带门，保洁柜或保洁间内不得存放其他物品，且使用前应清洗消毒。

第19条　一次性餐具不得重复使用。

第20条　餐具应有足够数量周转，要求达到最高使用量的____倍以上。

第5章　餐具卫生检查

第21条　卫生管理员应根据相关规定，制订卫生检查工作计划，定期对餐具实施卫生检查。

第22条　卫生管理员应定期检查消毒设备设施是否处于良好状态。对于采用化学消毒的应定时测量有效消毒浓度。所用药物必须符合卫生要求，有批准文号、保质期限等。

第23条　餐具消毒卫生标准。（略）

第24条　从事餐具清洗消毒的工作人员应持有效的健康证明和卫生知识培训证明，卫生管理员应对健康证明进行登记。

第25条　卫生管理员定期制订餐具卫生计划和各种设备洗涤操作规程并教育培训员工，做好餐具卫生的教育培训工作。

第6章　附则

第26条　本制度由餐饮部制定，其解释权归餐饮部所有。

第27条　本制度自颁发之日起实施。

6.2.3　环境卫生要求

农家乐环境卫生要求样例如下。

农家乐环境卫生要求

第1条　餐厅的卫生要实行卫生责任制，专人负责，餐厅主管或领班负责本餐厅整体卫生工作。

第2条　保持营业场所的桌椅清洁卫生，做到门窗清洁，墙面和天花板无积灰，无蛛网，无苍蝇、蟑螂。

第3条　保持工作场所整洁卫生，餐具柜、布草柜、橱柜内摆放的各类物品整齐清洁，保持地面干净、无污渍。

第4条 各种餐具、茶具、水杯和盛放直接入口食品的容器、工具、设备必须符合食品卫生要求,必须做好清洗消毒工作,防止二次污染。

第5条 保持餐厅各种辅助用品如台号、酒单、花瓶的清洁完好,做到无污渍、无油腻、无破损。

第6条 取用冰块要用消毒过的冰夹,不能直接用手拿取。

第7条 销售的食品应当无毒、无害,符合营养要求,具有相应的色、香、味等感官性状。

第8条 酒店餐厅不得销售腐败变质、油脂酸败、霉变、生虫、微生物或微生物毒素含量超标、被有毒有害物质污染等可能对人体健康有害的食品。

第9条 各餐厅经理应经常对能够接触到食品的工作人员进行有关食品卫生的教育。

第10条 餐厅服务员端菜、端饮料酒水等食物或餐具时,要使用托盘。

第11条 餐厅服务员取送食品与上菜时,严禁挠头摸脸,或对着食品咳嗽、打喷嚏,勿用手触碰碗口或匙羹的入口端。

第12条 严格执行铺台、上菜、上饮料的操作卫生要求。

第13条 所有在岗人员应于服务过程中留心观察就餐者,发现患病者,要对其所用餐具单独存放,重点消毒。

6.2.4 员工个人卫生要求

农家乐员工个人卫生要求样例如下。

农家乐员工个人卫生要求

第1条　从事餐饮工作的员工，必须每年接受体检，持健康证上岗。

第2条　员工应坚持"四勤"：勤洗手、修指甲，勤理发、洗澡，勤洗衣服、被褥，勤换工作服。

第3条　员工工作前后要洗手，上岗时须穿工作服，厨房员工须戴工作帽。

第4条　女员工不留长指甲，不涂指甲油，不浓妆艳抹，不喷过多香水，不佩戴首饰。

第5条　男员工不留长发；女员工头发不过肩，长头发要束起，不得披发上岗。

第6条　餐饮部厨房员工及各营业点员工在工作时应遵守"四不"：

（1）不得随地吐痰。

（2）不得对着食品咳嗽、讲话、打喷嚏。

（3）不得在营业区域内吸烟、嚼口香糖、梳理头发、修剪指甲。

（4）不准在游客面前掏耳朵、剔牙、抓头皮、打哈欠、抠鼻子。

第7条　如厕后必须洗手。

6.3　消防安全

6.3.1　配备消防设施

1. 消防基础设施配备要求

消防基础设施一般由政府进行统一安排和规划。农家乐经营者应认识到基础设施的重要性。只有农家乐周边的消防基础设施配备齐全，才能保证在出现消防事故时有关人员能够展开救护，尽可能降低事故带来的损失。农家乐经营者要积极主动地配合相关部门进行消防基础设施建设，具体要求如下：

（1）在进行农家乐规划建设时，要配合水管网布局，在农家乐关键点配置消火栓。若农家乐附近无水管网，应该设置天然水源取水设施或消防水池；若农家乐处于山区地带，应将消防水池设置在高处，具体如图6-2所示。

图6-2　*消防水池的设置*

（2）在民宿房屋集中的区域设置防火隔离带，开辟消防通道，提高建筑耐火等级。

（3）在各层公共部位及首层出口处设置灭火器，并在必要的区域安装喷淋系统。

（4）在室内要设置保持视觉连续的灯光疏散指示标志，在楼梯间、疏散走道设置应急照明灯。

（5）在提供民宿的房间内配备相应的消防用品，如手电筒、逃生用口罩、消防自救呼吸器等。

2. 常用消防设备

一般农家乐应该配备的消防设备如图6-3所示。

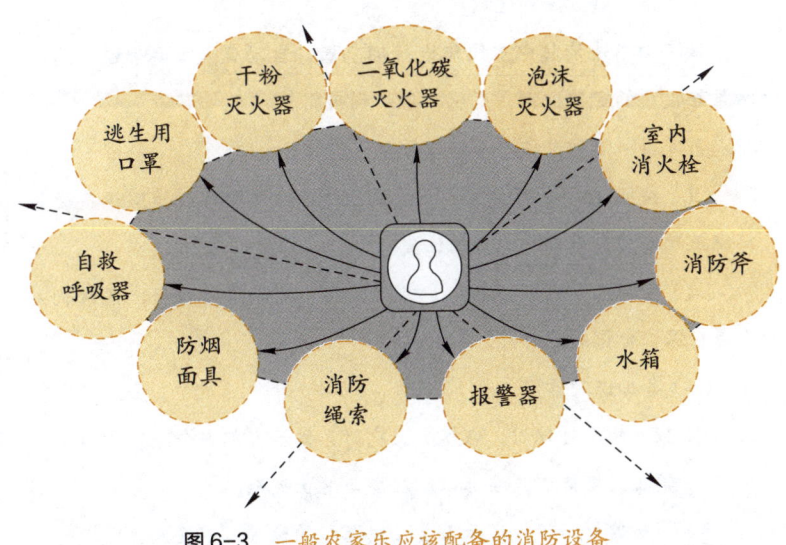

图6-3 一般农家乐应该配备的消防设备

6.3.2 建立消防制度

消防管理制度样例如下。

消防管理制度

第1章 总则

第1条 为保证农家乐环境安全,防止火灾发生,同时保证游客及店内员工的生命财产安全,结合当地情况,特制定本制度。

第2条 本制度适用于本店的消防安全管理工作。

第2章 消防设施管理

第3条 消防设施检测

每年由本地消防中心组织进行烟感器、自动灭火喷淋管道、消防水泵等设施的定期检测,至少每年一到两次。

第4条 消防设施安全标识管理

(1)按照消防规范要求,将管理区域内配备的各种消防设备设施标识正确安装在合理、醒目的位置。

(2)任何人不得随意将标识挪作他用,定期进行检查,同时相关人员应保证标识的完好性。

(3)各标识的作用

1)应急指示灯标识。在发生火灾时,提示人们安全疏散方向。

2)禁止吸烟标识。在标识所在场合禁止吸烟。

3)消防器材标识。提示人员灭火器材的位置,以便发生火灾时及时使用。

4)火警电话标识。提示人员记住火警电话。

5)消火栓标识。提示人员消火栓所在的位置。

第5条 消防器材管理

(1)消防器材要指定专门人员负责管理,确保消防器材处于良好状态。

（2）消防器材每年至少要自检两次，并登记造册。

第6条　消防设备操作

（1）在使用消防设备前，要检查各消防系统是否设置在自动位置，电源信号是否正常。

（2）严格按照操作规程操作消防设备。

第3章　日常消防管理

第7条　营业期间确保安全出口、疏散通道畅通。

第8条　严格用火用电管理，严禁超负荷使用电器。

第9条　严禁存放过量易燃易爆化学物品和其他危险物品。

第10条　做好值班巡查工作，发现事故苗头，及时处置。

第11条　熟悉灭火疏散预案，会报警，会使用消防器材。

第12条　积极整改上级监督部门检查中发现的火灾隐患。

第4章　附则

第13条　本制度自颁布之日起执行。

6.3.3　消防安全培训与应急演练

1. 消防安全培训

农家乐经营者在进行消防安全管理时，除了要配备好相应的消防设施外，还要对农家乐全体员工进行消防安全培训。

通过消防安全培训，一方面可以保证员工具备一定的消防安全基础知识，消除安全隐患；另一方面可以保证员工会使用消防器材，使得员工在面临险情时能够及时处理。

（1）培训什么。要对员工进行消防安全培训，首先应考虑培训内容，具体可参见表6-1。

表6-1　培训内容

内容	说明
本店周围及内部环境基本情况	（1）讲解周边消防设施情况 （2）讲解周边消防情况，如周边居民区的消防情况、曾经发生的消防事故等 （3）讲解店内所有消防设施的布局 （4）讲解店内消防情况
消防理论知识培训	（1）学习消防法规和各项规章制度 （2）讲解可燃物 （3）讲解助燃物 （4）讲解引发火灾的因素 （5）讲解灭火的基本原理 （6）讲解消防器材基本知识
消防技能培训	（1）讲解灭火器材的使用方法 （2）讲解防火的基本措施 （3）灭火、走火演练 （4）火险处理程序培训

（2）谁来进行培训。明确培训内容后，就要安排讲师对员工进行培训。不同的培训内容可以安排不同的讲师进行讲授。讲师类型如图6-4所示。

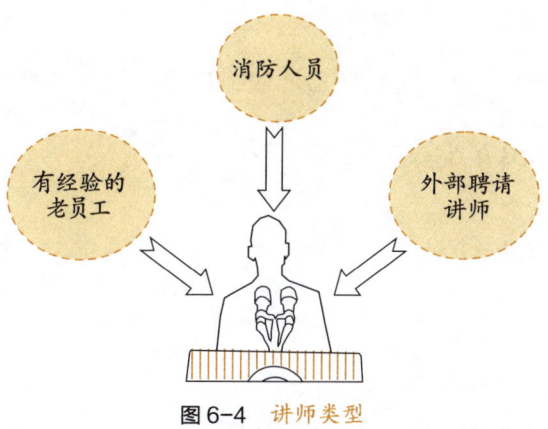

图 6-4　讲师类型

（3）如何进行消防安全培训。消防安全培训相对于其他培训来说，对处理突发情况的心理素质要求更严格，如果培训不到位，容易伤人伤己。所以，为了提高受训人员的心理素质，消防安全培训必须将理论讲解和实践操作紧密结合。只有不断运用所学知识处理真实状况，才能不至于在危险来临时手忙脚乱。

（4）对培训进行考核。消防安全培训的目的是让员工学以致用，所以培训结束后，要对员工进行考核。

考核可采用笔试和现场演练相结合的方式进行。

2. 应急演练

为了更好地预防消防事故，使所有人员在突发情况下能够有序地解决问题，最大限度地进行团队协作，从而共渡难关，有必要定期或不定期进行应急演练。应急演练的开展需要制订详细而周密的计划，消防应急演练方案可参见下文样例。

消防应急演练方案

一、演练目的

(略)

二、危险性分析

(略)

三、参观人员

(略)

四、应急演练组织体系与职责划分

1. 消防演练指挥中心：总负责人、分项负责人、技术负责人、信息联络人、协调工作负责人、安全负责人。

2. 专业应急小组：主要是农家乐自行组建的义务消防队。

五、所需物资

根据演练的具体内容准备相应的器材。

六、应急演练时间

(略)

七、应急演练地点

(略)

八、应急演练实施步骤

1. 召开现场会议，对演练工作作出指示和传达。

2. 准备物资，上报消防演练指挥中心。

3. 现场讲解消防器材的使用方法。

4. 进行演练：设定某处出现火险，然后由各小组按照分工处理火情，包括人员疏导、火情的控制以及无法自行处理火情时如何向消防部门求助等。最后要对演练结果进行总结。

6.4 人身与财产安全

1. 安装监控设施

为了实现对农家乐每一个角落进行实时监控，保证游客的人身与财产安全，有必要在农家乐所在区域内安装监控设施。安装使用监控设施的流程如图6-5所示。

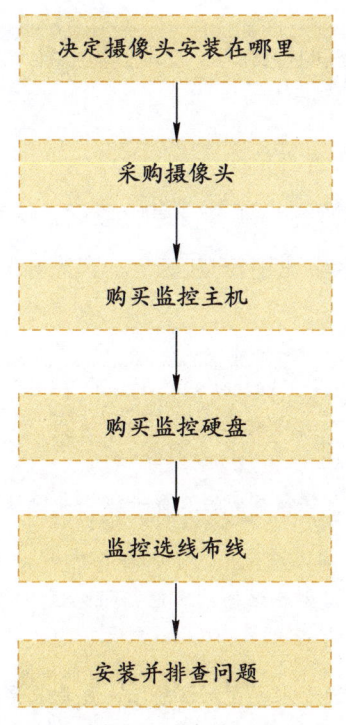

图6-5 安装使用监控设施的流程

安装使用监控设施要注意以下几点：

（1）监控主机安放的位置一定要整齐、合理，要通风、防潮、防火。

（2）不要在监控主机上摆放其他无关紧要的东西。

（3）监控设施可以安装在公共场合，但某些地方严禁安装。例如，禁止在游客住宿的房间内安装监控设施、禁止在卫生间内安装监控设施等，不能侵犯游客的隐私。

（4）监控内容不得随意传播，未经授权，任何个人不得随意查看监控内容。

（5）要时刻关注监控动态，发现问题，第一时间通知相关人员赶往现场进行处理。

2. 进行旅游住宿登记

对旅游住宿的游客必须进行身份登记，这有助于保障农家乐的正常经营和游客生命财产的安全。农家乐入住登记制度样例如下。

农家乐入住登记制度

第1条 凡是入住农家乐的人员一律凭身份证、护照等有效证件到前台进行登记。

第2条 游客需要登记的内容包括姓名、身份证号、住宿房间、天数等。

第3条 本店设专人负责入住登记，负责人要及时填写住宿人员信息，对登记者所提供的登记材料进行验证，保证资料的真实性。

第4条 没有证件或证件可疑的游客，要问清情况和原因，暂不安排入住，并立即向当地派出所如实报告。

第5条 有下列情形者，一律不予以接待：

（1）携带法律、法规不允许携带的危险物品者。

（2）从事违法活动者。

（3）法律、法规规定的其他情形。

3. 告知可能存在的危险

为了避免游客在游玩时发生危险，也为了避免游客因自我失误导致危险发生而与店家产生纠纷，农家乐工作人员应把可能存在的危险告知游客。

（1）危险从哪里来。农家乐营造的是让游客放松心情的农家环境，感受淳朴的乡土风情，但是在游玩过程中，可能会发生一些意外事件，农家乐工作人员要对这些危险因素了如指掌。

农家乐可能面临的危险并不是一成不变的，要根据农家乐所处地域环境进行分析和评估，找出可能会产生危险的因素。概括起来，农家乐可能面临的危险因素分类见表6-2。

表6-2 农家乐可能面临的危险因素分类

因素	说明	举例
天气变化	是指由于天气变化导致的可能会危害游客人身安全的隐患	如高温、寒潮、雨雪、雾霾、雷电等天气

续表

因素	说明	举例
自然环境	是指农家乐所在地的自然环境可能存在的危险	如山区可能会面临山洪、泥石流等危险，海边可能会面临海啸、台风等危险，有水库的地方会产生落水、溺水等危险
人文环境	是指农家乐所在地的人文环境可能存在的危险	如当地人口流动性大，可能会有不法分子出没；某一段道路的车流量大，可能会面临交通拥堵等问题
农家乐设施	是指农家乐使用的设备设施可能会因为操作不当或者其本身存在安全隐患而带来的危险	如某些农具的使用、刀具的使用、电器的使用等
游客行为	是指游客的某些行为可能会导致在本来不该出现危险的地方出现危险	如在楼梯间奔跑容易摔倒、攀爬阳台可能会从楼上跌落、玩火容易导致火灾等情况
其他因素	是指其他不可控因素可能会导致危险的发生	如游客之间发生冲突导致的危险

（2）什么时候提醒。为了规避风险，应在危险来临之前对游客进行提醒。提醒一般分为日常提醒和临时提醒两类，具体内容如图6-6所示。

（3）如何提醒。对于可能存在的危险，农家乐工作人员要充分利用各种方式对游客加以提醒，具体内容如图6-7所示。

第 6 章 安全管理

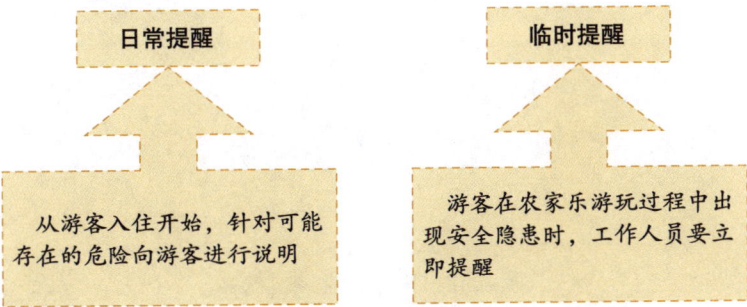

图 6-6 提醒的时机

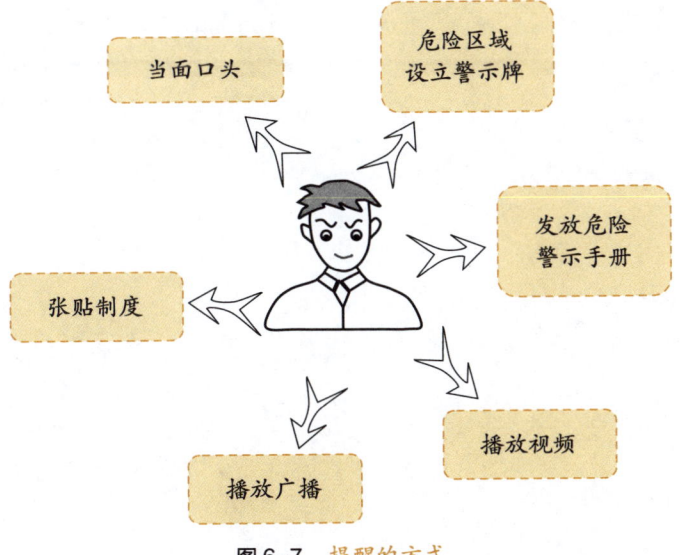

图 6-7 提醒的方式

第 7 章 投诉处理

常见投诉类型
投诉应对处理流程
特殊游客的应对方法

任何投诉都不是空穴来风，游客在感受乡土风情的同时，免不了会遇到各种各样的问题，游客也许会对问题进行投诉。农家乐经营管理人员应重视游客的投诉，不能消极回避，要处理好投诉，令游客满意。这样不但能赢得良好的口碑，还能在处理投诉的过程中发现存在的问题，不断提高农家乐的服务水平，从而吸引更多的游客。

7.1 常见投诉类型

要处理好投诉，首先要对游客的投诉内容做到心中有数，根据投诉的类型作出预防。就农家乐的业务而言，投诉有餐饮投诉、卫生环境投诉和噪声投诉3种类型。

7.1.1 餐饮投诉

餐饮投诉是指游客在就餐过程中，因为出现某些问题而向店家进行投诉的行为。餐饮投诉分类见表7-1。

表7-1 餐饮投诉分类

分类	说明	举例
服务质量投诉	在游客进餐时，服务人员服务不到位，导致游客产生不满情绪，进而向店家投诉	如服务人员服务不周到、触犯游客的饮食禁忌、等待上菜时间太长、上菜错误、游客衣物溅到饭菜汤渍等情况

续表

分类	说明	举例
产品质量投诉	食物本身质量低劣，导致游客在进餐过程中对饭菜、饮用品的质量不满意，影响游客身心健康，甚至引发食物中毒等恶性事件，是最常见、最重要的饮食投诉类型	食物中有异物，食物腐烂、变质、过期、失效等
服务态度投诉	服务人员在服务过程中对游客态度不好，引起游客不满，从而导致游客投诉	服务人员对待游客不友好、不热情、不主动，以及有求无应、冷淡、嘲笑、戏弄、怠慢等
价格和结算投诉	由于对菜品解释不到位、价格标注不明显或者上错菜，被游客认为价格与实际不符，从而导致投诉	游客认为店家有缺斤短两、多收费、诱导消费等嫌疑
影响形象和信誉的投诉	服务人员在服务过程中有严重侵害游客的人身权、人格权、财产权的行为，进而引发游客投诉的恶性事件	如侮辱、殴打游客，偷拿游客钱物，多收消费款项等违规违纪行为
其他投诉	游客在农家乐进餐过程中，被非农家乐服务人员侵害权益时进行投诉或者其他类型的投诉	如游客钱物被外来人员偷窃、游客之间发生争执、游客自己不小心被烫伤等

农家乐服务人员在处理餐饮投诉时，需掌握如下3个要点，以

确保处理的有效性。

（1）站在游客的角度，以游客的实际需求为出发点制定处理方案，确保方案能够满足游客的实际需求。

（2）需正确看待游客投诉，尤其是那些由于游客误解而引发的投诉事件，需耐心同游客解释，并进行妥当处理，不得表现出不耐烦或敷衍游客。

（3）需做好投诉方案实施效果调查分析工作，确定实施效果，并做好后续餐饮服务的改进工作。

7.1.2 卫生环境投诉

游客到农家乐参与旅游活动，最重要的是感受农家的风土人情，与大自然进行亲密的接触。然而，由于农村生活环境与城市有所区别，卫生环境标准与城市也有一定的差别，因此，农村环境有可能会成为农家乐的"败笔"。一般影响农家乐卫生环境的因素见表7-2。

表 7-2　影响因素分类

因素	说明	举例
餐饮卫生	食品安全是游客关注的重点。游客在农家乐游玩过程中，首先关注的是自己所能看到和接触到的食品环境卫生。餐饮卫生条件差往往会引起游客投诉	如蚊虫、苍蝇等是否出现在食物周围，厨房是否干净卫生等
住宿环境卫生	对于住宿环境卫生的不满，是引起游客投诉的另一个重要因素	如被褥上有污渍、房间有残留的垃圾、房间存在安全隐患等

续表

因素	说明	举例
厕所环境卫生	厕所环境不卫生是引起游客投诉的最主要因素	如厕所不能冲水、苍蝇成群、臭气熏天等
周边环境卫生	周边环境不能过于脏乱差,要进行统一的规划,保证环境干净整洁	如周边乱堆垃圾、停车位置规划不合理等

7.1.3 噪声投诉

1. 游客对于噪声的投诉

"别去这家玩了,这家店的房间隔音效果特别差,上次我住在那里的时候,被隔壁吵了一整晚,向店里投诉也没给我们解决。""那家也别去!那家经常放一些难听的歌,而且声音还特别大,让人特别不舒服,跟他们反映也没有改变。"这些对话经常会在游客从农家乐游玩回来之后听到。

由于某些店家对噪声投诉的处理不及时、不到位,很容易导致客源流失。所以,农家乐在经营过程中,要为游客营造一个相对安静放松的环境,并对游客提出的关于噪声方面的投诉及时进行处理。

2. 周边居民对于噪声的投诉

农家乐不仅要让游客感受到农家之乐,还要让周边居民感受到快乐,不能为了满足游客的快乐而打扰到周边居民的生产生活。例如某些农家乐通宵营业,严重影响周边居民的正常休息,使得周边居民怨声载道,破坏了邻里关系,不利于农家乐的长期发展。

所以，在经营农家乐的过程中不仅要尽量满足游客的需求，还要考虑周边居民的生活环境。重视周边居民对于噪声的投诉，及时处理问题。

7.2　投诉应对处理流程

1. 接待投诉

在日常工作中，农家乐服务人员应该尽量避免与游客发生摩擦，降低游客投诉的概率，但面对各类投诉也应做到认真接待。

（1）接待当面投诉。在接待前来投诉的游客时，最好将投诉的游客请到会客室或其他不影响农家乐经营的地方，以免打扰其他游客。

（2）接待电话投诉

1）倾听游客的抱怨，站在对方的立场考虑问题，同时利用声音和话语对游客的不满情绪表示理解。

2）了解并记录投诉事件的基本信息，包括投诉时间、投诉人基本情况、投诉问题、期望解决的方法等。

3）如果能够当时处理，应立即告知游客处理结果；如果处理问题需要时间，则请游客留下联系方式，以备日后取得联系。

4）问题得到解决后，及时向游客反馈相关信息。

（3）接待信函投诉

1）在收到游客的投诉信时，应立即转交给店长、专职部门或专职人员，并做好记录。

2）以信函的形式通知游客已收到投诉信，表明诚恳接受投诉和解决问题的意愿，并请游客留下联络电话，以便日后沟通和联系。

3）问题得到解决后，及时告知游客处理结果。

2. 澄清问题

处理游客的投诉，首先应该了解游客投诉的原因。通过倾听游客投诉、对游客表示同情以及对游客进行恰当的询问，可以很快对投诉情况有充分的了解。

（1）倾听游客投诉。倾听游客投诉应该保持耐心，不要随便打断游客的陈述，用平静的心情聆听游客的不满和要求。

在倾听游客投诉时，应该做到以下几点：

1）保持积极主动的态度，不要把游客的投诉当作麻烦，而应将其视作提高服务质量的机会。

2）始终面带微笑，即便是在受理电话投诉时也要面带微笑，因为微笑的声音与严肃的声音有很大区别，所以不要以为游客看不到就可以不微笑。

3）认真听取游客投诉，不遗漏细节，最好是做笔录，以便很好地确认问题所在。

4）出现投诉现象是因为农家乐的所作所为没能使游客满意，所以游客投诉时情绪一般会比较激动，应该先让游客发泄情绪。

5）即使游客投诉问题的症结在于游客本身，也应做到坚持听完游客的陈述，不要打断。

（2）对游客表示同情。在游客投诉时，对游客表示同情，使其感受到农家乐是与其站在一起的。这样可以增加游客的信任感，从而减少游客的不满,为投诉的最终处理奠定良好的基础。

通过以下做法,可以使游客感受到服务人员的理解。

1)用温和的语气劝慰游客,使其放松心情,并表现出愿为其排忧解难的诚意。

2)站在游客的立场看待投诉问题,对其行为表示理解。

3)主动做好投诉细节的记录,尤其是用笔记录游客的问题,会让游客感到农家乐对其投诉的问题很重视。

(3)询问游客要求。聆听完游客的投诉,在表示同情的同时,还要不断与游客交流,询问一些具体情况。对于游客陈述过程中一些不太清楚的细节,应该对游客做进一步的询问。即使没有不清楚的问题,也可以对游客说过的一些细节加以确认,这样能让游客感到农家乐解决问题的诚意。

做好询问工作,应该做到以下几点:

1)重复游客所说的重点,让游客确认服务人员已经理解其意思和目的。

2)通过询问了解投诉的重点。

3)对于通情达理的游客可以直接询问,让游客自己阐明目的。

4)告知游客已经了解问题所在,并确认问题是可以得到解决的。

5)适时结束,以免因拖延时间过长,既无法得到解决方案,又浪费双方时间。

3. 探讨解决,采取行动

农家乐服务人员在了解游客投诉的问题后,应简单总结出游客

投诉的原因，并得到游客的确认。

对于农家乐服务人员能够确认解决方法的，应立即告知游客；对于不能解决的问题，应及时与农家乐相关负责人沟通，请有关部门予以解决。

对于投诉的游客，都可以看作是在给农家乐提意见。因此，待问题得到解决后，应该向游客表示感谢。

4. 跟踪回访

对投诉游客的跟踪服务是对处理游客投诉效果的验证，同时也是彰显农家乐对客负责的一种方式。通过及时回访，不仅能够降低投诉游客对农家乐产生的不信任感，而且可能会提高游客的忠诚度。对于投诉的游客，应该做好回访记录。

跟踪回访的方式主要有电话回访、信函回访、E-mail 回访、登门拜访等。

7.3 特殊游客的应对方法

7.3.1 如何应对不愿交谈的游客

不愿交谈的游客并非不善于交谈，只不过是没有提起交谈的兴趣。农家乐服务人员要通过观察对方的表情、态度和拒绝理由作出分析判断，选择适当的方式出击，针对不同类型的不愿交谈的游客采用不同的策略。

1. 害怕被骗的游客

有些游客觉得自己不善言辞,害怕多说话后会被服务人员诱导而作出与自己本来想法不一样的决定,担心自己消费后会后悔,所以尽量不开口说话。

应对策略:

(1)避免产生"能言善辩"的感觉。

(2)改换话题。

2. 心情不好的游客

某些游客不愿交谈是因为恰巧其在生活中遇到了不愉快的事情,如刚和同事吵完架、亲人过世或者家庭遇到了危机等。这类游客不说话时就像一只气压正满的"压力锅",只要有人触碰挑衅,就会控制不住地把情绪发泄出来。

应对策略:产生共鸣,找到共同话题。

3. 急于把服务人员"撵走"的游客

这类游客不愿交谈是因为其正在处理一些事情,如果有人过来和他说话就会造成尴尬的局面。因此,游客就会保持沉默,直到服务人员离开。

应对策略:暂时避开,以后再谈。

7.3.2 如何应对挑剔的游客

因为性格的原因或曾经有不愉快的消费经历,挑剔的游客做事时喜欢挑毛病,甚至有时还会"鸡蛋里挑骨头"。例如某些挑剔的游客以前购物被骗过,对销售人员很反感,见到销售人员就想冷嘲热讽；有的人自认为见多识广，其挑剔的过程就是炫耀自己的过程；有的人对商品提出异议，其实是在讨价还价，想最大限度地满足自己的需要。

应对挑剔的游客，应先听后讲，让游客完整地表达不满与异议，并在与之交谈的过程中适当提问。具体策略如图7-1所示。

顺着游客拒绝的话说，将拒绝变成购买的理由

这个东西的价格也太贵了吧。

是啊，的确有点贵，但是质量好啊，哪儿有便宜货啊！

顺应

当游客对事物作出错误的判断或态度非常差时，可以直接给予否定

这是假冒的东西吧。

我们店从来不卖假货！我们是讲信誉的，要是您真发现有假，欢迎您和我们一起打假。

否定

第 7 章 投诉处理

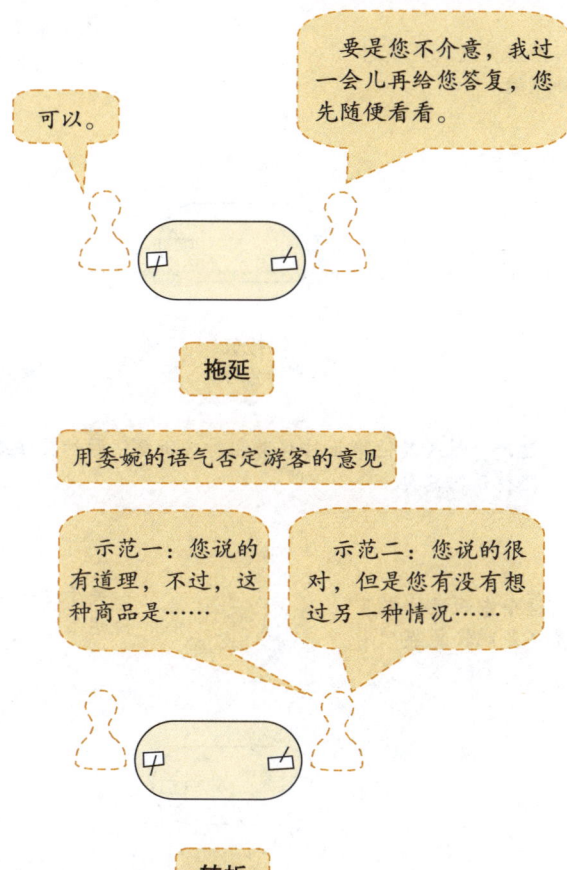

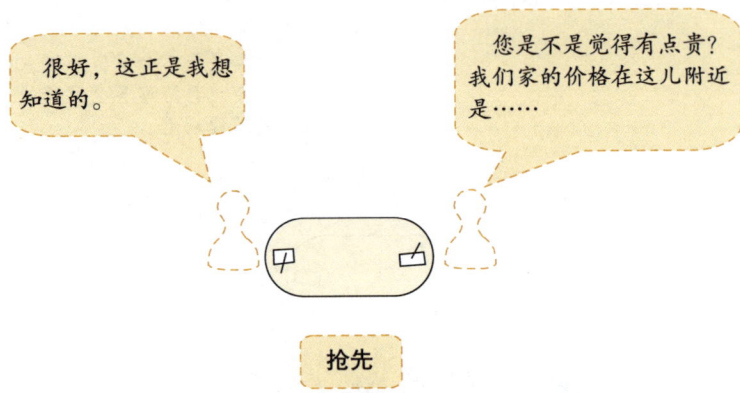

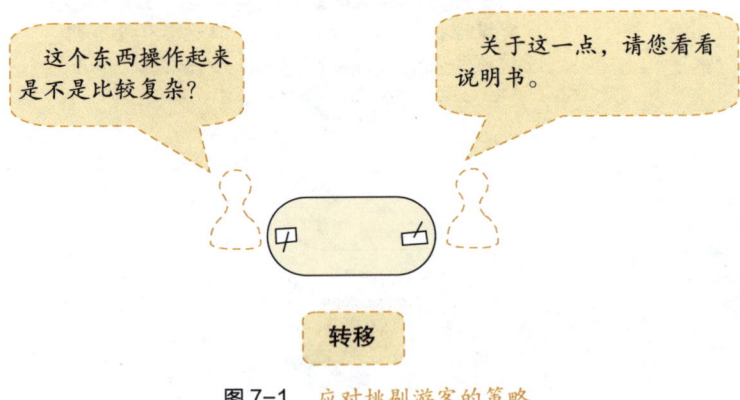

图7-1　应对挑剔游客的策略

7.3.3　如何应对性急的游客

性急的游客在言谈举止中往往表现得极其明显,如下文中的场景对话。

服务员:先生,您好!我们最近在搞一项活动,当您的消费超过一定额度时,就会给您的会员卡积分翻倍……

游客:好了,别说了,你到底想要说什么?能不能先告诉我结论?

服务员:好的,先生!是这样的,您今天的消费已经超过了500元,所以按照活动规定,您的会员卡积分会增加1 000个点……

游客:好了,直接说重点,你直接说怎么办就行!

服务员:您只要再交20元,以后您就可以在本店享受永久的8.5折优惠。您要办吗?

游客:这不就完了嘛,不办!

在上述案例中,游客本身有点急性子,再加上服务人员说话未把握住重点,陈述过长,使游客最终失去了耐心和兴趣。其实服务人员在与游客第一次对话时就应观察对方,发现游客性子急的特点,应重新调整说话内容,先说结论,待游客感兴趣后再解释内容。农家乐服务人员应对性急游客的策略如图7-2所示。

7.3.4　如何应对发怒的游客

发怒的游客分为两种情况:一种是有原因的发怒,另一种是没有原因的发怒。

图 7-2　应对性急游客的策略

游客发怒一般是由于服务人员的过错引起的，如服务人员不守时、不守信等，都容易使游客发怒，如下文中的场景对话。

游客：好，就点这些菜吧，大概什么时候能上？

服务员：大概 10 分钟就好。

15 分钟以后……

游客：服务员，你好！我的菜什么时候能上？都过去 15 分钟了。

服务员：不好意思，让您久等了，现在后厨正忙。请再等一会儿，10 分钟以后就能给您上。

30 分钟以后……

游客：服务员！我的菜呢？刚才还说 10 分钟以后上，现在都过去 15 分钟了。

服务员：不好意思，让您久等了，后厨正在做，您的菜马上就好。

40分钟以后……

游客：服务员！你们怎么搞的！我的菜不是说10分钟就能上来吗？现在都过去快1个小时了，怎么还不上？不吃了！

服务员：对不起！真对不起！这是您的菜，让您久等了。根据店里的规定，您的消费可以享受8折优惠。

应对因故发怒的游客，要理解游客的愤怒，并针对游客发怒的原因，提出有效的处理办法。

在上述案例中，游客之所以会发怒，其主要原因是服务人员一次又一次未按约定时间履行上菜承诺，使游客逐渐失去耐心，主观上认为被服务人员愚弄。针对这种情况，主管人员应主动出面，向游客真诚道歉，询问原因，并认真倾听对方发泄。待游客发泄愤怒情绪后，再让涉事的相关服务人员向游客道歉，同时给予对方一定的优惠，以弥补过失。应对因故发怒游客的策略如图7-3所示。

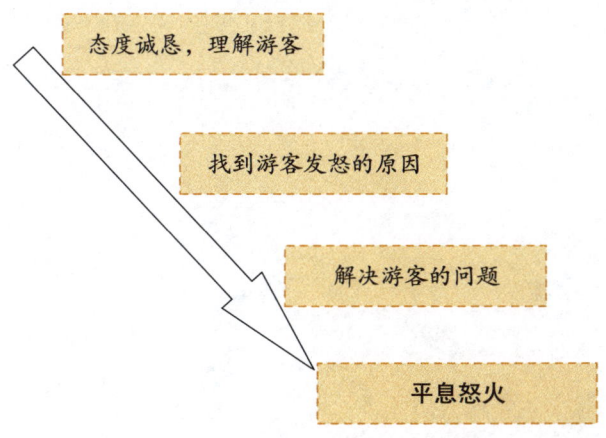

图7-3　应对因故发怒游客的策略

而对于无故发怒的游客,其发怒往往是由于游客自我压抑等原因而发脾气,从而使服务人员摸不着头脑。应对无故发怒游客的策略如图7-4所示。

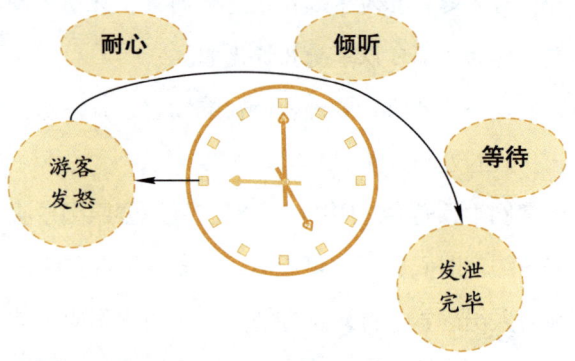

图7-4　应对无故发怒游客的策略

第 8 章 接待服务

接待服务标准
服务接待

8.1 接待服务标准

8.1.1 服务行为标准

员工服务行为是影响服务效果至关重要的因素,服务行为一方面体现农家乐员工的自身素质和修养,另一方面体现农家乐的服务水平和企业形象。农家乐服务人员行为标准见表8-1。

表8-1 农家乐服务人员行为标准

行为	要求
站姿	站姿要求挺拔优雅,基本要求是头正、肩平、躯挺、腿并
坐姿	正确的坐姿是"坐如钟",给人以端正、大方、自然、稳定的感觉
行姿	行走起来像风一样轻盈稳健
待客	(1)服务人员立岗,保持标准站姿,立于正门两侧,禁止闲聊、聚堆现象发生 (2)统一欢迎用语。多人立岗时,游客进店,统一鞠躬致意 (3)引领待客,落落大方。服务人员引领游客应位于游客侧前方45°位置,与游客保持适当距离 (4)与游客沟通或交流时,应使用标准的礼貌用语

农家乐服务人员在接待游客的过程中需避免如图8-1所示的3种行为。

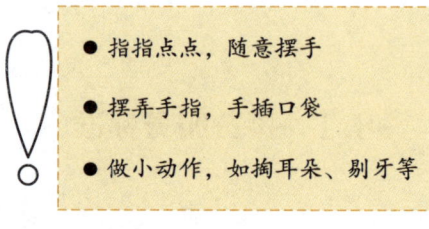

图 8-1　需规避的行为

8.1.2　服务礼仪标准

1. 迎送礼仪

迎来送往是给游客留下良好第一印象的重要环节，给游客留下良好的第一印象，就为下一步深入接触打下了基础。农家乐服务人员在迎来送往环节，不论与游客是否熟悉，在面对游客时，礼貌用语必不可少，且需做到"三到"，即眼到、口到、意到，具体内容如图 8-2 所示。

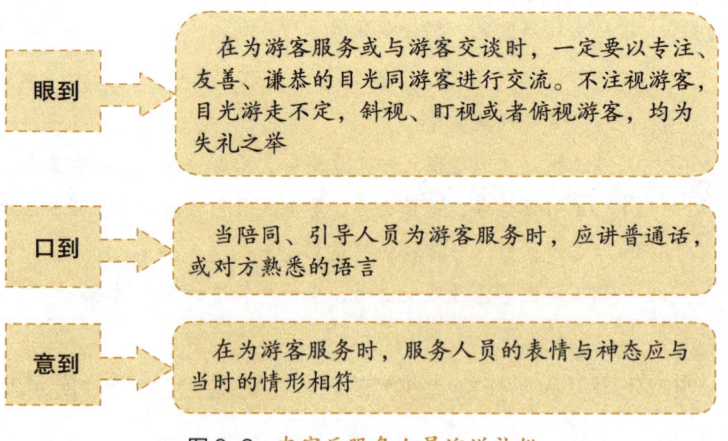

图 8-2　农家乐服务人员迎送礼仪

2. 接待礼仪

农家乐服务人员的一举一动都影响着游客对农家乐的印象。接待游客是接待服务中最常见的礼仪活动之一，具体内容见表8-2。

表8-2　接待礼仪

工作环节	礼仪要求
问候礼仪	（1）根据不同的时间段，主动问候，如"早上好" （2）当节日到来时，向游客表示节日的祝贺，如"元旦快乐" （3）当游客来临时，应主动说"欢迎光临"
称呼礼仪	（1）对男性游客可称"先生"，知道游客的姓氏后，最好称"×先生" （2）对年轻的女性游客可称"小姐"，对不知道婚姻状况的女性游客可称"女士"
递接物品	（1）递接物品以双手为宜，不方便双手递接时，也要采用右手递接 （2）将带有文字的物品递交给游客时，必须使之正面朝向对方 （3）将带尖、带刃或其他易于伤人的物品递交游客时，切忌以尖、刃直指对方
握手礼仪	（1）游客主动要求与服务人员握手时，应大方地与游客握手 （2）握手时态度要和善，双目注视游客
请客入座	示意游客入座时，右手五指并拢，掌心斜向上约45°，手臂向下指向座椅椅面

3. 交谈礼仪

中国人讲究"听其言，观其行"。在人际交往中，不注意交谈

的礼仪规范，如用错一个词、多说一句话或不注意词语的感情色彩等，都可能导致交往失败或影响人际关系。对农家乐服务人员来说，亦是如此。农家乐服务人员在与游客交谈过程中需遵循一定的礼仪规范，具体要点如下：

（1）多用、勤用礼貌用语。

（2）态度诚恳亲切。

（3）与游客交谈时，尽量直视游客的眼睛，并在肯定对方时点头示意。

（4）应注意使用谦辞和敬语，忌用粗俗污秽的词语；在句式上，应少用否定句，多用肯定句。

（5）在人际交往中谈话要掌握分寸，注意哪些话该说，哪些话不该说。

（6）交谈时要坚持"六不问"，即不问游客的年龄、婚姻、住址、收入、经历、信仰，不侵犯游客个人隐私。

（7）不高声喧哗，不打断对方，不纠正对方，不怀疑对方。

8.1.3 服务用语标准

俗话说："良言一句三冬暖，恶语伤人六月寒。"礼貌服务用语在农家乐经营中起着非常重要的作用。

农家乐服务人员在工作中要做到谈吐优雅、语调轻柔、语气亲切，说话时做到"请"字在先，并能根据不同的接待对象，用好尊语、问候语、称呼语等。图8-3列出了礼貌用语顺口溜，仅供读者参考。

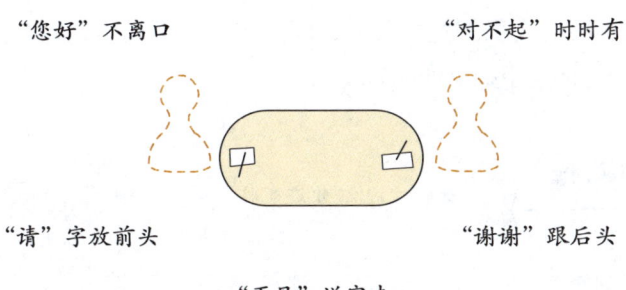

图8-3　礼貌用语顺口溜

1. 倡导"五声"服务

礼貌不费分文，却能给人带来温暖和愉快的体验。为了让游客有一个舒心的旅游环境，农家乐服务人员在接待游客时，需符合"五声"服务要求，如图8-4所示。

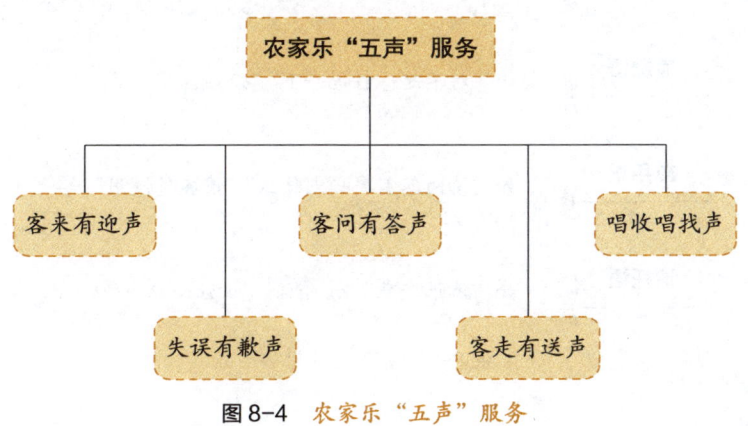

图8-4　农家乐"五声"服务

2. 基本服务用语

农家乐服务人员规范使用礼貌用语，体现了农家乐接待方的文

明素质、服务人员的礼貌服务,能给游客留下宾至如归的美好印象。基本服务用语如图8-5所示。

欢迎语	如"欢迎""欢迎光临"等
问候语	如"您好""早上好"等
告别语	如"慢走""再见""欢迎下次光临"等
征询语	如"我能为您做什么""您有什么事吗"等
应答语	如"好""好的""是""我马上就去做"等
道歉语	如"对不起,打扰一下""麻烦您了"等
应用语	如"请问您需要喝点什么""请各位慢用"等
请托语	如"请跟我来""请稍候""请让一让"等

图8-5　基本服务用语

3. 禁止使用的服务忌语

农家乐服务人员在工作中需规避4种服务忌语:蔑视语、否定语、烦躁语和顶撞语,具体内容如图8-6所示。

- 蔑视语，如"这么简单都不知道"
- 否定语，如"不知道""不清楚"
- 烦躁语，如"着什么急，我忙着呢""刚才和你说过了，怎么还问"
- 顶撞语，如"我就这态度，怎么着"

图 8-6　农家乐服务忌语

提升农家乐服务水平的核心在于提升服务人员的素质，服务语言是服务人员素质最直接的体现。因此，农家乐管理人员需做好下属员工的服务语言培训工作，进而提升农家乐的服务水平。

实例参考

几位游客在农家乐餐厅用餐，服务员为游客端上一碗汤。恰巧，一位游客一抬手将汤碰洒，游客的西服被弄脏了，游客对此很生气，厉声责问服务员。

这位服务员并没有争辩，而是连声道歉："对不起，对不起……您的衣服被我不小心给弄脏了，我会将您的衣服拿去干洗。另外，我再给您换一份汤。给各位带来了不便，请原谅！"

待游客结账前，服务员将洗得干干净净的衣服送到游客面前，游客对农家乐的服务表示很满意。不久，这位游客再次光临了此店，并介绍了新的游客来店消费。

8.1.4 服务态度标准

服务态度是指服务者在为被服务者服务的过程中,在言谈举止方面所表现出来的一种神态。服务态度的作用是满足游客的精神需求,使其不但可以得到合格满意的"产品",而且令其心情舒畅。

优质服务是从优良的服务态度开始的。对此,要提升农家乐的服务水平,首先需确保服务人员态度端正。

农家乐服务人员的工作态度需符合如下要求:主动热情、细致周到、文明礼貌、尊重游客,具体表现为如图 8-7 所示的 5 个方面。

工作三心:热心、诚心、耐心
工作三多:多一分细心、关心、爱心
工作三性:主动性、积极性、创造性
工作四勤:嘴勤、手勤、腿勤、脑勤
工作无四语:无不尊重游客的蔑视语,无缺乏耐心的烦躁语,无自以为是的否定语,无刁难游客的斗气语

图 8-7　农家乐服务人员工作态度要求

服务态度的好坏与工作中的细节有没有做好有很大关系。在平时的对客服务中,农家乐服务人员应做到"有所为,有所不为",具体内容如图 8-8 所示。

正确做法	错误做法
耐心细致	急躁、不耐烦
有效回应	答非所问、心不在焉
保持微笑	面露不耐烦之色

图 8-8　服务标准

8.1.5　仪容仪表标准

仪容是指人的容貌，仪表是指人的外表，仪容仪表由服饰、容貌、姿态组成。良好的仪容仪表有利于塑造农家乐形象，也能给游客留下美好的印象。因此，需要对农家乐服务人员的仪容仪表进行规范，具体内容如图 8-9 所示。

- 穿具有本店特色的统一服饰，佩戴服务标识，衣着整洁，无污渍、无破损
- 头发梳理整齐，面容清洁。女性服务员可略施淡妆上岗
- 服务人员要做到勤洗澡、勤理发、勤剪指甲。从事接待服务前不喝酒，不吃大蒜、韭菜等有异味的食物
- 服务人员要注重表情礼仪，开展微笑服务，以微笑的面孔、自信的表情欢迎每一位游客

图 8-9　农家乐服务人员仪容仪表要求

8.2 服务接待

8.2.1 电话及网络预订服务

1. 电话预订工作程序与目标

工作程序	工作目标
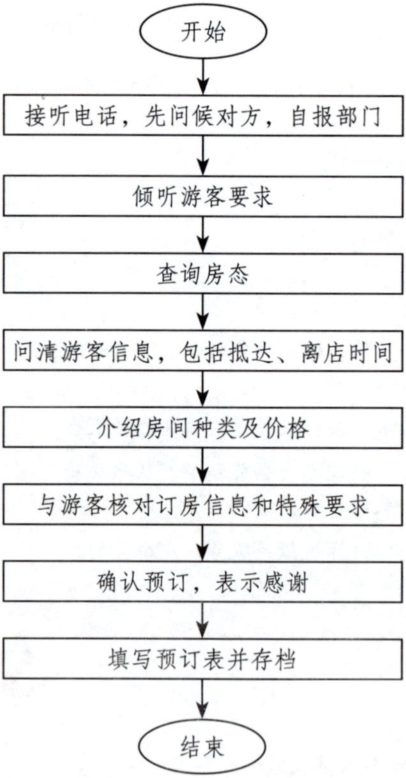 开始 → 接听电话，先问候对方，自报部门 → 倾听游客要求 → 查询房态 → 问清游客信息，包括抵达、离店时间 → 介绍房间种类及价格 → 与游客核对订房信息和特殊要求 → 确认预订，表示感谢 → 填写预订表并存档 → 结束	（1）反应迅速 （2）预订信息准确无误 （3）尽可能地向游客推介成功，实现客房预订

2. 网络预订工作程序与目标

工作程序	工作目标
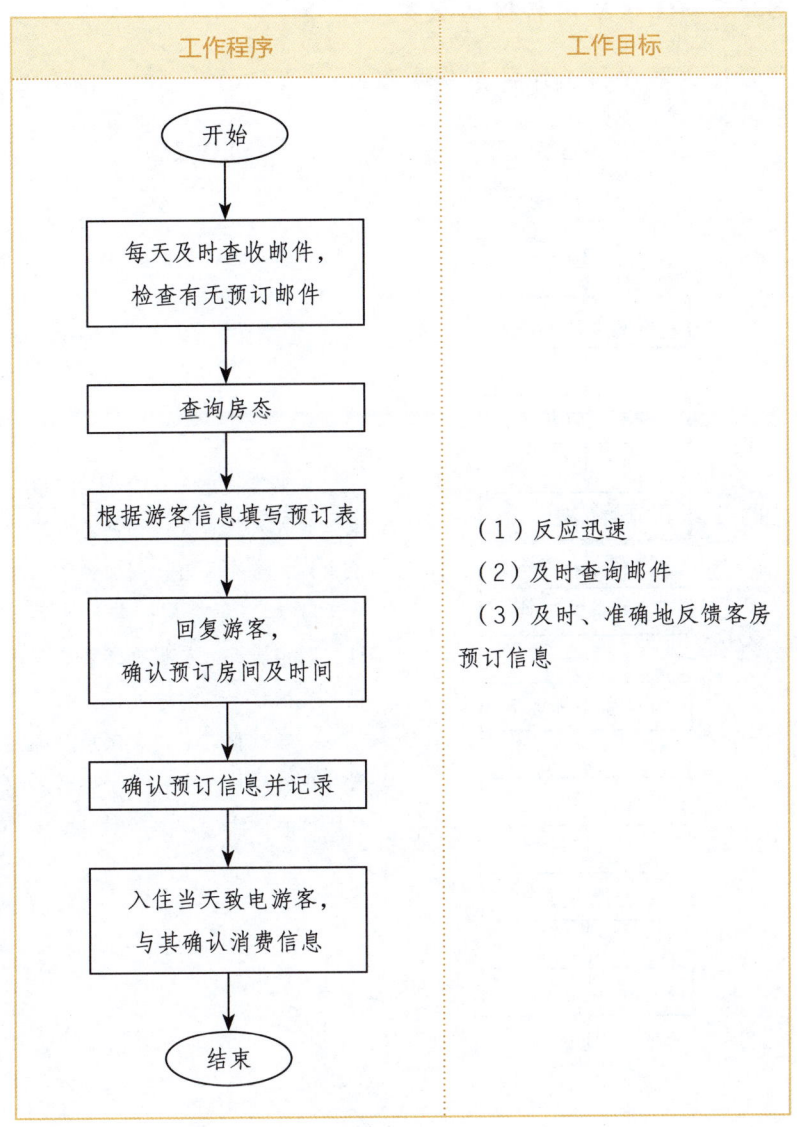	（1）反应迅速 （2）及时查询邮件 （3）及时、准确地反馈客房预订信息

8.2.2 住宿及用餐接待服务

1. 住宿接待工作程序与规范

工作程序	工作规范
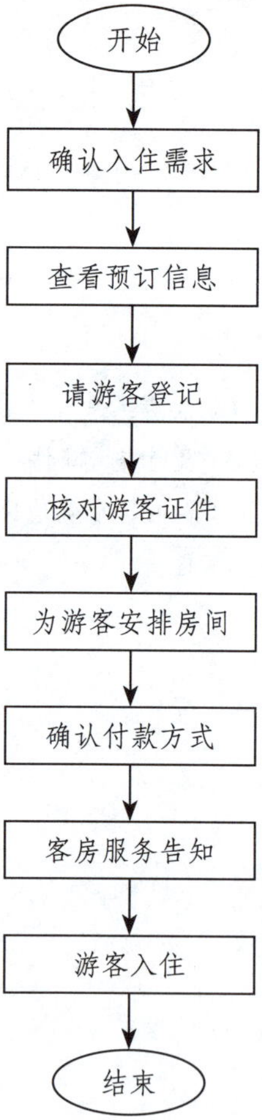 开始 → 确认入住需求 → 查看预订信息 → 请游客登记 → 核对游客证件 → 为游客安排房间 → 确认付款方式 → 客房服务告知 → 游客入住 → 结束	（1）游客提出入住需求后，农家乐服务人员首先应询问游客有无预订，若有预订，则按预订信息为游客安排房间；若没有预订，则由服务人员根据游客的情况向其推荐合适的房间 （2）确认预订后，农家乐服务人员应礼貌地请游客出示办理入住所需的证件

2. 用餐接待工作程序与规范

工作程序	工作规范
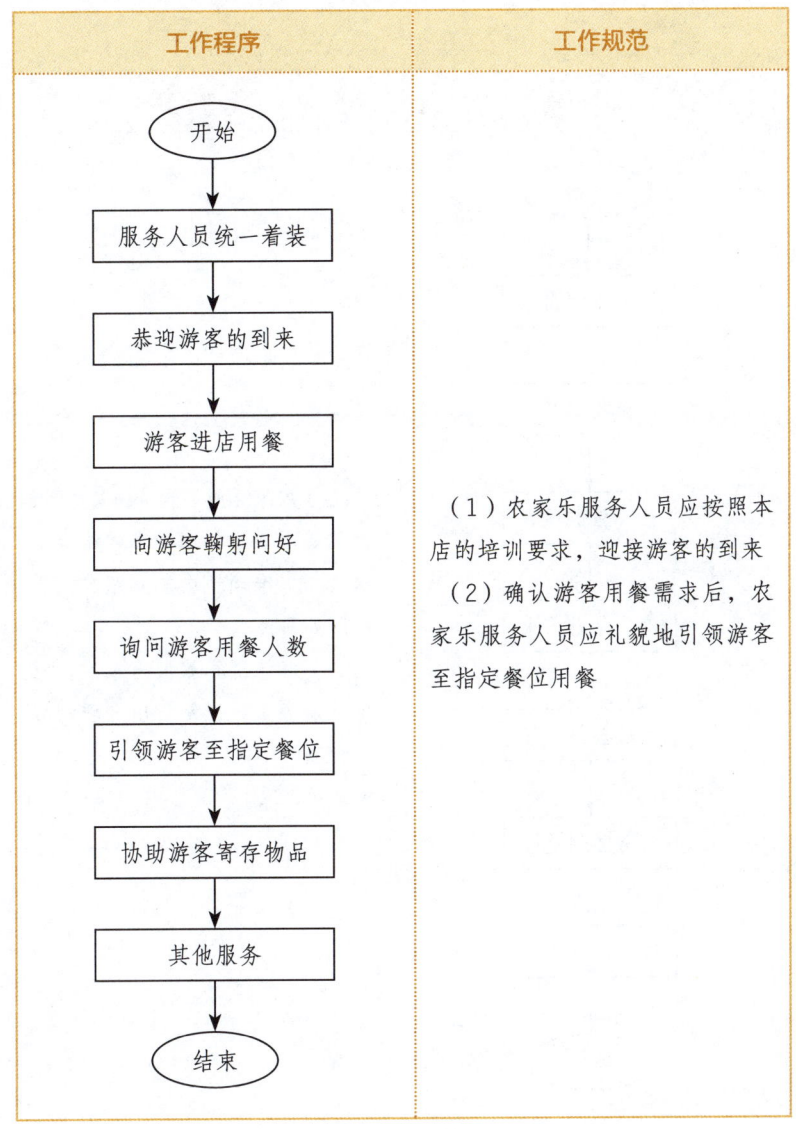	（1）农家乐服务人员应按照本店的培训要求，迎接游客的到来 （2）确认游客用餐需求后，农家乐服务人员应礼貌地引领游客至指定餐位用餐

8.2.3 游玩接待服务

工作程序	工作规范
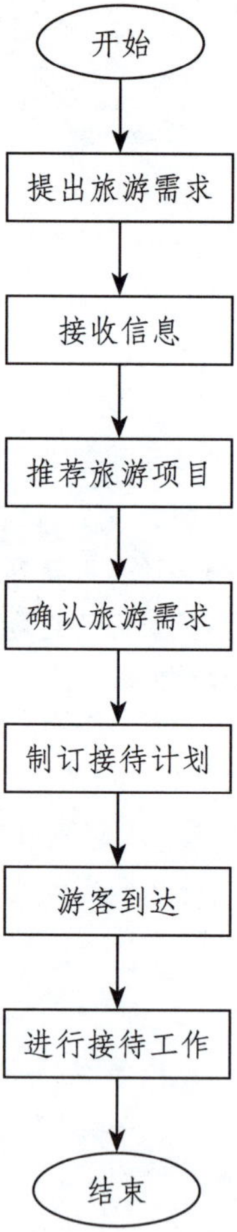 开始 → 提出旅游需求 → 接收信息 → 推荐旅游项目 → 确认旅游需求 → 制订接待计划 → 游客到达 → 进行接待工作 → 结束	（1）农家乐服务人员通过电话、网络等渠道了解到游客的旅游需求后，应准确地向其介绍农家乐的服务项目 （2）确认游客旅游需求后，农家乐服务人员应制订出合理的接待计划

第9章 餐饮服务

餐厅服务
就餐服务

9.1 餐厅服务

农家乐的餐厅服务应该摆脱传统乡村请客吃饭的习俗,要提供现代化的服务,结合地方文化特色,使游客在进餐的过程中既能感受到农家的氛围,又能享受到现代化的生活。

9.1.1 餐前服务

1. 菜单设计

农家乐应将农家特有的菜式以规范统一且具有地方特色的形式融入到菜单设计中,让游客感受来自乡村的风情。

(1)菜单内容设计。在设计菜品名称时,农家乐需考虑名称的艺术性与直观性,一般结构是"原料+烹饪方法"。

(2)菜单颜色设计。农家乐在设计菜单的颜色时,需选择与本店档次和经营风格一致的颜色。

(3)菜单形式设计。农家乐需根据自身经营理念,选择菜单的形式。一般来说,中餐零点服务的菜单形式有三类,见表9-1。

表9-1 菜单形式设计

菜单形式	内容介绍
传统纸质菜单	以精美的纸质印刷品为载体,装订方式有单页式、书本式、活页式等

续表

菜单形式	内容介绍
实物配文字形式菜单	以菜品实物或模型配以菜品名称等文字说明的形式展现各类菜品
灯光图片形式菜单	将菜单中的菜品名称、图片等内容通过灯箱进行展示，供游客选择

2. 点菜服务

（1）如何有效地推荐菜品。农家乐服务人员应熟知农家乐菜单，有特点地为游客介绍菜品。在介绍之前，服务人员应注意如下两点：

1）根据游客的不同要求合理推荐菜品，如北方人和南方人口味不同；老年人喜欢营养、健康、易消化、口味清淡的食品；而年轻人推崇时尚菜肴，多爱吃新潮风味菜等。分清对象介绍菜肴，往往可以打动游客，使其愉快地就餐，达到促销的目的。

2）一些少数民族或外国友人有特殊的饮食禁忌，应特别注意；或者某些游客提出不吃哪些食材的一定要记住，切忌推荐含此种食材的菜品。

（2）如何有效地推销酒水

1）详细了解农家乐所提供酒水的原料成分、调制方法、基本口味、所适用的场合等。

2）了解游客需求，针对不同游客的身份及用餐性质，站在游客的角度有重点地进行介绍。

3)选准营销目标。农家乐服务人员要学会察言观色。如果是宴请,要优先询问主宾需要的酒水,观察游客的反应。若游客给予明确反应,就征询所点酒水的数量;若游客犹豫不决,则主动引导游客,促成消费。

表 9-2 列出了酒水推销的几种技巧,仅供读者参考。

表 9-2 酒水推销技巧

游客类型	推销技巧
对特色酒水有偏好的游客	推荐农家乐的特饮或创新饮品,向游客介绍特饮或创新饮品的独特之处,以及味道、色泽等,从而引导游客消费
为了消遣娱乐的游客	推销大众酒水,推荐价格可从高到低,让游客选择适合的酒水

3. 上菜服务

(1)如何使用托盘。在从事餐厅服务过程中,从餐前摆台,餐中斟倒酒水、上菜、更换餐具到餐后收台整理,都要使用托盘。

1)理盘。农家乐服务人员在理盘工作中需注意如图 9-1 所示的两点事项。

2)装盘。农家乐服务人员在装盘工作中需注意如图 9-2 所示的 4 点事项。

3)起托。起托时左脚在前,右脚在后,屈膝弯腰,用右手慢慢地将托盘平拉出 1/3 或 1/2,找准托盘重心,左手托住盘底,右手相帮,托起托盘并收回左脚。

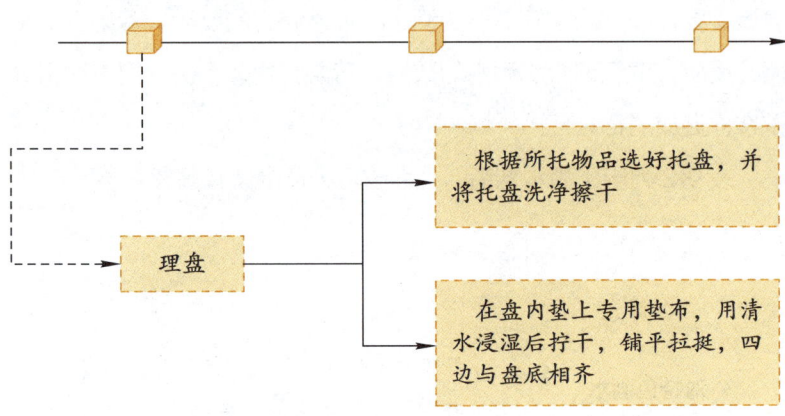

图 9-1　理盘注意事项

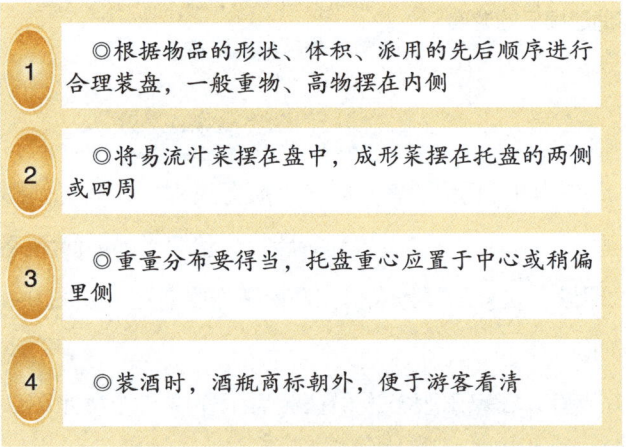

图 9-2　装盘注意事项

4）行走。农家乐服务人员在托举托盘行走时需注意如图 9-3 所示的 3 点事项。

1 ◎必须头正、肩平、盘平,托盘可随着步伐而在胸前自然摆动,但幅度要小,以防菜汁、汤水溢出

2 ◎要注意前后左右的行人和地面是否湿滑,避免因碰撞或跌倒导致翻盘受伤及发出巨大声响,惊吓到正在用餐的游客

3 ◎要注意个人行为,不要满头大汗地出现在游客面前,不能有解开领扣、敞开衣领、挽起袖子、卷起裤腿等行为

图9-3　托盘行走注意事项

5)卸盘。农家乐服务人员在卸盘工作中需注意如图9-4所示的两点事项。

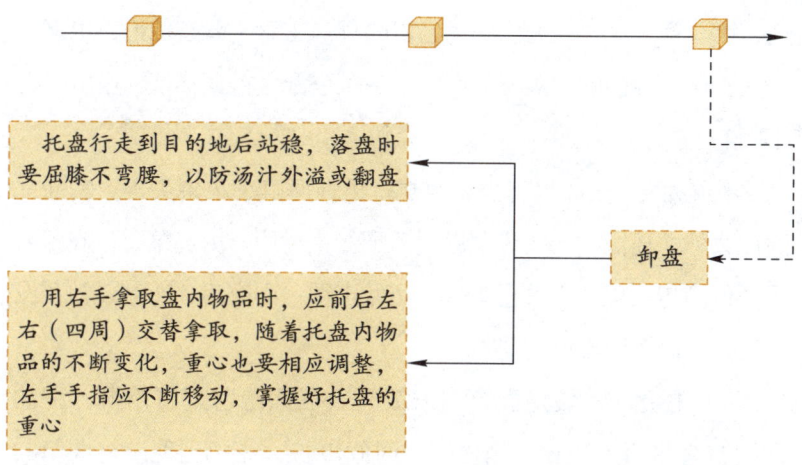

图9-4　卸盘注意事项

（2）掌握上菜顺序。农家乐服务人员应根据游客所点菜品掌握好上菜顺序，一般上菜顺序如图9-5所示。

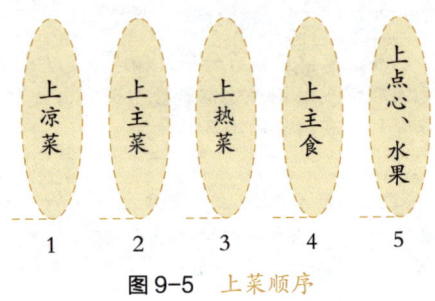

图9-5　上菜顺序

1）凉菜，有的地方叫作冷盘、开胃菜。在上第一道凉菜时，要为游客把酒倒上，凉菜上齐后，酒喝至两三成时，询问游客是否上主菜。

2）主菜，又称为大件、大菜、主题菜。主菜的道数通常是1~4道，第一道主菜一般为店内最名贵的菜。主菜一般按位论，也就是一人一份，后面的主菜要和第一道主菜搭配。根据宴请性质，进行不同的选择。

3）热菜，一般是肉类、禽类、鱼虾海鲜、蔬菜类等。台面上除凉菜外，还需要一些热菜进行搭配。上最后一道热菜时，服务人员要低声告知点菜人菜已上完，避免出现台面空盘，游客以为菜没上齐，进而导致投诉的现象。

4）主食，一般是面食、米饭等。根据游客用餐情况，主动询问游客是否上主食。面食制作时间较长，避免出现游客催单的现象。

5）点心、水果。一些游客喜欢在餐后进食点心和甜品等，像莲子羹、绿豆爽、西瓜盅、蓝莓奶酪等，以及一些爽口的水果，起到清口解腻的作用。

（3）如何应对弄脏游客衣服的特殊情况。农家乐服务人员在为游客服务的过程中，不小心弄脏了游客的衣服，该如何应对呢？

1）服务人员首先要向游客道歉，主动承担责任，或由餐厅主管出面，诚恳地向游客表示歉意。

2）如果游客衣服被弄脏程度较轻，应立即拿干净的餐巾或湿毛巾为游客擦拭，但要注意征得游客同意。同性游客，服务人员可为其擦拭；异性游客，服务人员应将餐巾或湿毛巾交给游客自行擦拭。

3）根据游客的态度和衣服被弄脏程度，主动向游客提出免费洗涤的建议。记下污渍的成分，洗涤后的衣服要及时送还游客并再次致歉。

4）如果衣服被弄脏程度较轻，经擦拭后已基本干净，服务人员应请示餐厅主管为游客免费提供一些食品或饮料，以示对游客的补偿。

5）如果衣服被弄脏程度较严重，无法去除污物，应按照农家乐规定标准给予赔偿。

9.1.2 餐中服务

1. 掌握更换餐具的时机

（1）凡用过一种酒并准备用另一种酒时都应更换酒具。

经营与服务

（2）凡装过带鱼腥味食物的餐具，再上其他菜品时须更换。

（3）凡进食甜菜、甜汤之前须更换餐具。

（4）凡进食风味独特、调味特别的菜肴应更换餐具。

（5）凡被弄脏的餐具要及时更换。

（6）如果餐碟内骨刺、残渣较多，影响雅致时，要及时更换。

2. 如何照顾年老的游客

（1）就座时，须协助游客搬椅，挪动桌子。

（2）如果游客在拿取食物时有困难，须尽量帮助。

（3）服务时须给予年老游客特殊的照顾，随时了解他们的特殊要求。当游客站起来时，应及时帮助。

3. 如何照顾年幼的游客

（1）要为小朋友准备儿童椅，不要把小朋友安排在过道边的座位上。

（2）将餐桌上的调味瓶、牙签盅等易碎物品摆放至小朋友够不着的地方，不要在小朋友面前摆放锋利的用具。

（3）为小朋友换取适用于儿童的餐具，不要使用高脚玻璃器皿。

（4）如果小朋友在过道打闹而打扰到其他游客，应向其父母提出建议，让小朋友回到座位，以免发生意外。

4. 如何处理游客退菜

（1）退菜的情形

1）菜肴有杂物。

2）过咸或过淡、烹调过老或不熟、温度不够、数量不足的菜肴。

3）服务人员在点菜过程中，因为口音、业务不熟练等造成给游客错点或漏点的菜，超过规定时间未上或未上齐的菜。

4）其他非菜品质量问题，包括未超出规定时间游客要求退菜、游客出于自身原因要求退菜等。

（2）处理程序

1）属于上述第一种、第二种情况，如果游客要求退菜，服务人员应无条件接受，要诚恳地向游客表示歉意，态度要真诚，并及时向管理人员反映。管理人员必须及时赶到现场，向游客道歉，并对此事件进行处理，追究相关人员责任。

2）属于上述第三种情况，遇到游客催菜时，首先向游客表示歉意，然后马上检查点菜订单，核实是否有该菜，并检查服务台是否存放该菜，查实点有该菜，马上到厨房或传菜部了解情况。

3）若是上错台或厨房漏菜，应立即将情况告知游客。若游客表示等待则立即烹调；若游客要求退菜，应马上通知厨房退菜，并向游客诚恳道歉。

4）其他情况的处理程序。游客出于自身原因要求退菜，这种情况下一般应不同意退菜，要耐心地讲明道理，或是建议游客，吃不了可以打包带走。服务人员应视具体情况上报，由管理人员出面处理。

9.1.3 餐后服务

1. 如何打包食物

（1）当游客提出打包要求时，服务人员应询问游客需要打包的菜品，并征询游客是自行打包还是由服务人员进行打包。如果游客提出由服务人员进行打包，应立即将食品收下餐桌，告知游客将在后台或服务边柜为其打包食品及需要等待的时间。

（2）将食品送到后台或服务边柜，准备好打包盒和带有店徽的打包袋。

（3）将食品分类装入打包盒内，打包时要注意冷热分开、清淡油腻分开；鱼类和海鲜单独打包；面食单独打包；汤类食品要使用密封打包盒，防止汤汁外溢，并在打包盒的标签上注明食品名称。

（4）将打包盒整齐地码入打包袋中，并检查打包袋的拎带是否牢固。

（5）将打包好的食品递给游客，并说："这是您打包的食品，请拿好，谢谢。"

2. 如何规范结账

（1）当游客提出结账时，应将准确无误的账单正面朝上地放在账单夹中，从游客左侧递上。

（2）若是出现游客抢着结账的情形，应让游客自行商量，服务人员不要插话。

（3）将账单递给游客后，应保持一定的距离，待游客把钱准备好后再上前收取，并当面将现金复点一遍，让游客确认。

（4）游客用银行卡结账时，服务人员应将两联账单拿回，交收银员核对后，将第二联结账单（游客联）交回游客，第一联结账单（商户联）则由收银员留存。

9.2 就餐服务

9.2.1 餐厅领位服务

餐厅领位服务程序与规范见表 9-3。

表 9-3　餐厅领位服务程序与规范

工作程序	工作规范
礼貌询问	◎面带微笑，亲切地问候游客："先生/小姐（女士），您好，请问是否有预订？" ◎如果游客有预订，应说："请问先生/小姐（女士），您贵姓？"如果没有预订，应说："请问先生/小姐（女士），您几位？"
礼貌引领	◎带领预订游客到事先安排好的座位就座 ◎带领没有预订的游客就座时，应按照先里后外的原则带领，在条件允许的范围内尊重游客的选择，必要时进行适当调整，不可强行安排游客坐其不愿意坐的地方 ◎引领游客进入餐厅时，走在游客前方或右方 1 米左右的位置，侧身引领，并用余光注视游客，遇到拐弯处应提醒游客 ◎在服务过程中，面带微笑，言语亲切温柔
拉椅让座	◎引领游客到达座位时，主动为游客拉椅让座，拉椅的次序以女士、年纪大者为先

续表

工作程序	工作规范
征询房间温度和灯光	◎若是包间，游客落座1分钟后，立于游客一侧，征询房间温度和灯光，并讲："先生/小姐（女士），您看房间温度和灯光还可以吗？需不需要再调试一下？" ◎如游客有特殊要求，服务人员无法满足时，应及时反馈给领班或经理 ◎说话的语气不可生硬，不能在游客刚进入房间时就立即征询，因为这时游客还未反应过来
接挂衣帽	◎看到游客有脱衣举动时，应主动上前辅助其脱衣，并将衣服放于衣柜中；若游客不愿将衣服放于衣柜中，而要搭在椅背上时，应尊重游客意愿，但要对衣服进行防护
与值台人员交接	◎向值台人员交接从迎接到引领过程中所得到的游客信息

9.2.2　铺口布、撤筷套及小毛巾服务

1. 铺口布、撤筷套服务程序与规范（见表9-4）

表9-4　铺口布、撤筷套服务程序与规范

工作程序	工作规范
检查个人卫生	◎检查仪容仪表，重点检查面容、发型、衣着、手部卫生等
及时服务	◎在游客就座点餐后或用餐游客较多尚未到齐时，服务人员即可上前为游客铺口布、撤筷套

续表

工作程序	工作规范
及时服务	◎遵循女士优先、先宾后主、先老后幼、先重要后一般的"四先"原则 ◎在第一道菜上桌前,要求口布、筷套全部打开
姿势正确	◎一般在游客右侧为其铺口布、撤筷套,铺口布和撤筷套可以同步进行,即给一位游客铺完口布后,就顺手撤筷套,再为下一位游客服务 ◎铺口布时,侧身站立,拿取时左手背在身后,女士两脚呈丁字步,右脚在前,左脚在后,男士两脚自然分开,与肩同宽,将口布打开,正面朝向自己,右手在前,左手在后,将口布轻轻地铺在游客腿上或将其一角压在餐盘下 ◎撤筷套时左手背后,侧身站立,右手拿住筷套上部,将筷套拿到游客身后,倒放在左手上,将筷子从筷套内撤出
语言亲切	◎铺口布、撤筷套时应轻声说:"先生／小姐(女士),打扰一下,这是您的口布。"或者说:"××,打扰一下,我来帮您把口布打开。"若见游客自己动手,应马上上前说:"对不起,我来帮您。"操作时,切忌触碰到游客
有无特殊要求	◎询问游客有无特殊要求,如果有儿童用餐,要根据家长的要求,帮助儿童铺口布

2. 小毛巾服务程序与规范（见表9-5）

表9-5 小毛巾服务程序与规范

工作程序	工作规范
检查小毛巾	◎检查小毛巾是否干净、整洁、温度适中、整齐美观、无异味，是否经过严格消毒
合理取用	◎将毛巾柜内折好的小毛巾用专用夹具夹放到毛巾托内，然后摆放在托盘内 ◎根据天气及游客的需求，取用热毛巾、常温毛巾或冰毛巾，注意轻夹轻放，不要将折好的毛巾散开
规范服务	◎将毛巾托摆放在餐盘的左侧，并将观赏面朝向游客，动作要轻、要自然 ◎根据游客需求及时更换，做到随脏随换
语言亲切	◎为游客递送小毛巾时应说："打扰一下，先生/小姐（女士），请用小毛巾。"声音亲切，面带笑容
收走毛巾	◎游客用过的小毛巾需要更换时，要用专用小镊子收走脏毛巾，再用专用毛巾夹将干净的毛巾放入毛巾托，并对游客说："打扰一下，帮您换一下毛巾。"收走毛巾时应询问游客："打扰一下，毛巾还需要吗？"若游客说不需要，将毛巾和毛巾托一起收掉，收脏毛巾时应使用小镊子，切忌直接用手拿取毛巾

9.2.3 点菜、上菜服务

1. 点菜服务程序与规范（见表9-6）

表9-6 点菜服务程序与规范

工作程序	工作规范
准备菜单	◎保证菜单整洁，无涂改、无磨损，菜单应为最新菜单
呈递菜单	◎立于游客右侧，双手将菜单递送给游客
介绍菜单	◎主动为游客介绍菜单，使游客了解菜品的主料、配料、味道及制作方法，语言要亲切
推荐特色菜	◎根据游客的心理需求，尽可能地向游客推销本店的时令菜、特色菜、高档菜、畅销菜等，使用礼貌用语，不得强迫游客接受 ◎必要时向游客提出合理化建议，考虑菜量大小、食品搭配情况等
接受点菜	◎点菜时站在游客旁边半步距离的地方，身体微微向前，眼睛注视游客，听清游客所点菜名 ◎特殊菜品应介绍其特殊之处，并问清游客所需的配料、口味、调料等 ◎若游客有特殊要求，下单时要在相应的菜品后面做备注；若手写点菜单，应在点菜单上清楚注明，引起重视
复述确认	◎为游客复述一遍所点的菜品，以得到游客确认
下单	◎用点菜器下单，或在计算机点菜系统的点菜界面输入菜品代码下单 ◎手写点菜单时，将游客所点菜品名称工整地写在点菜单上，字迹要清楚

2. 上菜服务程序与规范（见表9-7）

表9-7 上菜服务程序与规范

工作程序	工作规范
检查菜品	◎核对台号、菜品，以免上错菜 ◎检查相应的服务工具或配料是否齐全
上菜	◎调整好台面上的菜品位置，从游客之间的空隙处上菜
介绍菜品	◎菜品上桌之后，应后退一步，打手势、报菜名，并使用礼貌用语："×××，请品尝。" ◎报菜名时应讲究时机，切勿打断游客谈话或对着菜品讲话
派菜	◎上菜时简要介绍农家乐的特色菜品 ◎视情况派菜 ◎服务人员左手垫上餐巾将菜盘托起，右手拿派菜专用的叉匙，腰部微弯，平稳地从游客左侧进行派菜
其他服务	◎应随时观察餐桌上的酒精灶等服务工具，及时为游客调试 ◎及时为游客准备牙签等所需用品

第 10 章 住宿服务

客房基本设备与用品
客房清洁服务
客房管理

10.1　客房基本设备与用品

10.1.1　客房设计

在农家乐中安排民宿是目前很普遍的一种现象，为了使游客得到最好的享受，一方面要保证客房的布局能满足游客的一般需求，另一方面又要将农家的特色元素融入其中。

农家乐的客房应区别于城市中的客房，突出农家风情。但这种农家风情并非是完全原生态的。在进行客房设计时，应以主流审美价值观营造个性休闲氛围。在设计时应立足本土资源环境，从时代主流的审美角度出发，结合店家的特点，对原有民房进行改造和创新，同时加入更符合现代人需求的舒适化配置。在保持淳朴的农家风情的前提下，为游客提供标准化的服务，使其得到特色化的享受。

> **知识分享**
>
> 2016年，由中国建筑中心与《城市·环境·设计》杂志社共同发起的"UED最美民宿评选活动"评选出了2016年中国十大最美民宿，其名单如下：
>
> 云庐酒店（广西·阳朔）
>
> 墅家墨娑西冲院（江西·上饶）

> 爷爷家青年旅舍（浙江·丽水）
> 凤阳山房（云南·大理）
> 菩提谷（浙江·杭州）
> 松赞绿谷（云南·香格里拉）
> 素舍（四川·成都）
> 花迹酒店（江苏·南京）
> 饮居·九舍（浙江·西塘）
> 谦虚旅社一期样板间（北京）

10.1.2　客房用品配置

农家乐客房用品的配置，既要能满足游客的正常需求，又要突出农家特色。选用客房用品时，一方面要配置一般客房住宿所应具备的用品，另一方面应该将农家特色体现出来，如可以在所配置的用品上印制店家的宣传语，或添加一些本地特有的用品等。

10.2　客房清洁服务

游客入住农家乐客房时，能享受到干净整洁的客房、洁净的卫生间、通风良好的卧室，将会给农家乐经营赢得良好的口碑。为了给游客提供舒适的住宿环境，避免不规范的清扫导致游客财物损失，农家乐管理者有必要对客房清洁服务进行规范。

10.2.1 房间的清扫

1. 清洁服务人员进入客房的程序与规范（见表10-1）

表10-1 清洁服务人员进入客房的程序与规范

工作程序		工作规范
程序1	敲门前观察客房动静	◎敲门前先观察客房动静，若游客正在谈话等，则稍后再进入客房
程序2	轻敲房门并自报家门	◎站在门外中间，离门40厘米，正对窥视镜 ◎轻声敲门三次，每次三下，间隔3~5秒，并自报家门："您好！清洁服务人员！"
程序3	等待回应	◎敲门三次后，站在门中间正对窥视镜，以便给游客充足的时间开门
程序4	进入房间	◎若游客开门，说明自己的意图。如果游客同意进入，按正规程序进行打扫；如果游客表示现在不需要服务，应向游客道歉："对不起，打扰您了！" ◎若仍无反应，可用钥匙开门，先将房门打开一点，确认房内无人再进入。如果游客正在睡觉，应马上退出房间，并把房门锁好
程序5	完成工作，关门离开	◎在退出房间之前，检查有无遗忘的工作 ◎随手关好房门，声音不要过大

2. 清洁服务人员整理房间的程序与规范（见表10-2）

表10-2 清洁服务人员整理房间的程序与规范

工作程序		工作规范
程序1	关灯并拉开窗帘	◎关掉多余的灯，留意灯具及灯泡是否正常，拉开窗帘的同时注意窗帘轨道是否正常
程序2	检查房内情况	◎检查有无游客遗留物品或设备损坏情况
程序3	更换及补充客房用品	◎更换及补充客房和卫生间的杯具、毛巾、布草以及各种消耗品
程序4	清理垃圾	◎倒掉烟灰，将客房内的垃圾倒入工作车的垃圾袋中，并将烟灰缸放在卫生间
程序5	清洗杯具和烟灰缸	◎按照标准规程清洗杯具和烟灰缸
程序6	做床	◎按照标准规程做床
程序7	擦拭灰尘并吸尘	◎擦拭灰尘时，一般按照桌面、窗台、小酒吧、衣柜、椅子、床头柜、床头板、电视机、镜子、门的顺序进行，然后进行地面吸尘
程序8	清洁卫生间	◎按照标准规程清洁卫生间
程序9	检查后离开	◎再次检查房间，查看有无遗漏事项。检查完毕后，关窗，拉上窗帘，关掉所有的灯和空调，关好房门后离开

3. 清洁服务人员做床的程序与规范（见表10-3）

表10-3　清洁服务人员做床的程序与规范

工作程序		工作规范
程序1	准备所需用品	◎将所需的床单、被套、枕套等拿入房间
程序2	将床拉出并撤床品	◎将床拉到方便工作的位置，撤掉床单、被套及枕套，撤的时候要注意检查床上有无游客物品
程序3	调整并检查床垫	◎将床垫调整到合适位置并检查床垫有无污渍
程序4	拉平床褥	◎对齐床架，将床褥拉平
程序5	铺床单	◎床单要正面朝上，中线居中 ◎将床尾下垂部分塞入床垫下面 ◎包床尾右角时，左手将左侧下垂的床单拉起折角，松开左手后床单自然形成内斜角45°、外直角90°的样式，左手拖起床垫，右手将下垂的床单塞入床垫下面 ◎检查床单有无破损及污渍，若有要及时更换
程序6	套被套	◎将被套套入，拉平被子四角 ◎根据被子的正反面及前后方向，将被子平铺在床头上，被边与床头平齐
程序7	套枕套	◎枕套套入后要求四角充实，封好枕套口，摆放在床头正中，枕套口朝向外侧

续表

工作程序	工作规范
程序8 将床推回原位并检查	◎检查床的整体效果,要整齐、美观,严格符合做床标准
程序9 整理撤下的布草	◎将撤下的布草卷好,放入工作车内

4. 清洁服务人员清洁电话的程序与规范(见表10-4)

表10-4 清洁服务人员清洁电话的程序与规范

工作程序	工作规范
程序1 将清洁剂喷在湿布上	◎为了更好地清洁、消毒、除尘、除指印或去除气味,取适量清洁剂喷在湿布上准备擦拭电话
程序2 将电话擦干净	◎拿起电话,擦净听筒和话筒 ◎将电话内侧和机身擦干净 ◎用一支圆珠笔包上抹布,清洁按钮中间的缝隙 ◎清洁电话线,拭去电话线周围印迹
程序3 用干布擦亮电话	◎擦亮电话,将电话放回原处

5. 清洁服务人员清洁玻璃或镜子的程序与规范（见表10-5）

表10-5　清洁服务人员清洁玻璃或镜子的程序与规范

工作程序		工作规范
程序1	准备抹布和清洁剂	◎从工作间取两块干净的抹布和玻璃清洁剂，不得用游客毛巾擦拭玻璃
程序2	将抹布对折两次	◎将抹布对折两次后放在手上
程序3	在玻璃或镜子上喷1~2下	◎左手垂直握住玻璃清洁剂的喷壶，用3根手指加拇指握住清洁剂的喷壶，食指按住喷壶的顶部。喷壶的喷口应朝外，以防清洁剂喷到脸上，在玻璃或镜子上喷1~2下
程序4	擦拭镜面	◎从上到下、从左往右地均匀擦拭镜面
程序5	抹干镜面	◎另用一块干净的抹布从上到下、从左往右地擦干镜面，确保镜子被彻底擦遍

10.2.2　卫生间的清扫

1. 清洁服务人员清洁面盆和台面的程序与规范（见表10-6）

表10-6　清洁服务人员清洁面盆和台面的程序与规范

工作程序		工作规范
程序1	清除台面物品	◎清除台面上的一切客用品，如肥皂、厕纸、毛巾等，如需要则准备补充

续表

工作程序		工作规范
程序2	将清洁剂喷在百洁布上	◎将适量清洁剂喷在百洁布上
程序3	洗刷面盆及台面	◎用百洁布洗刷面盆及台面四周,包括洗手盆、台面、回水位、皂碟等
程序4	用清水冲刷	◎用清水将清洁剂冲洗干净
程序5	用干毛巾擦干水渍	◎用干毛巾将台面和洗手盆上的水渍擦干
程序6	清洁金属部分	◎用专业金属除渍剂将水龙头上的污渍清除干净
程序7	将客用品补回台面	◎补充肥皂、厕纸、面巾纸、毛巾等客用品,放置在适当位置,并把从台面上撤下的物品摆回原位

2. 清洁服务人员清洁浴缸的程序与规范（见表10-7）

表10-7　清洁服务人员清洁浴缸的程序与规范

工作程序		工作规范
程序1	往浴缸里放水	◎将浴缸水塞堵住,放少量热水
程序2	加入少许清洁剂	◎在热水中加入适量清洁剂

续表

工作程序		工作规范
程序3	洗刷浴缸	◎用百洁布从内到外、由上至下地彻底洗刷浴缸，注意清洁浴缸与墙面接缝处
程序4	冲净污水	◎打开水塞，放净污水 ◎打开水龙头，冲净污水，必要时可用百洁布再洗刷一遍
程序5	擦拭金属件	◎用专业金属除渍剂擦拭金属件，包括开关、水龙头、毛巾架等 ◎清洁后立即用干布擦干、擦亮

3. 清洁服务人员清洁马桶的程序与规范（见表10-8）

表10-8 清洁服务人员清洁马桶的程序与规范

工作程序		工作规范
程序1	冲马桶，加入洁厕剂	◎按一下马桶冲水按钮，冲掉污物，并加入适量洁厕剂
程序2	浸泡	◎加入洁厕剂后，浸泡10分钟左右
程序3	清洁马桶外部	◎用百洁布清洁马桶水箱、马桶盖、马桶座及马桶后方等处
程序4	清洁马桶内部	◎用马桶刷由上至下清洁马桶内壁，直至马桶喉处，清洁后用水冲净
程序5	抹干马桶	◎抹干马桶水箱、马桶盖、马桶座等，检查有无水渍

10.3 客房管理

农家乐在为入住民宿的游客提供服务时,要为其营造家一般的感觉。为了规范客房管理,避免出现不周到的服务,从而给游客留下不好的印象,有必要对客房服务人员的服务进行标准化规范,对客房服务的各个环节进行规范化管理。

10.3.1 客房预订管理

1. 预订管理岗位工作规范

预订管理岗位工作规范样例如下。

预订管理岗位工作规范

为了规范预订处工作人员的岗位操作标准,特制定本规范,望严格执行。

1. 提前20分钟到岗交接班,因特殊情况不能提前到岗的,应事先向主管或其他同事说明情况,最迟不得超过规定上班时间,否则按迟到处理。

2. 使用规范的礼貌用语接听电话,注意"请"字开头,"谢"字结尾。礼貌用语不离口,声音要清晰。

3. 上班前仔细阅读交班本,了解需要跟办的事宜,掌握新发文件内容,了解当天房态及可卖房型的信息。

4. 熟悉并掌握农家乐不同种类房间的特色、优点及房间价格，准确地向游客提供房间信息。

5. 核对订房及空房资料，核实是否超额预订，提前采取应对措施。

6. 做到散客2分钟（最迟5分钟内）、团体5分钟（最迟10分钟内）完成每一条预订信息的录入；每条需回传的订房信息务必做到自接到预订起10分钟内反馈给对方。

7. 对于交接班不清楚而造成工作失误或投诉者，给予口头警告，屡犯者给予罚款处理。

8. 当班所发生的有关问题，未做详细记录或对交班留下来的工作未做跟进，屡教不改者给予罚款处理。

9. 结束通话时，要待对方先挂断电话后方可放下话筒，任何时候都不可以用力挂断电话，要轻拿轻放。

10. 当班时由于工作态度而导致的投诉，给予罚款处理。

11. 遇到特殊情况和游客投诉超越自己的权限范围时，应立即向值班经理汇报。

2. 电话预订服务标准

电话预订服务标准样例如下。

电话预订服务标准

1. 电话铃响起，立即去接听。如果电话超过3次铃响以后才接起，一定要先致歉："对不起，让您久等了。"

2. 如果手头正有急事，听到电话铃响时可采取下列措施：

（1）应立即接起电话，然后致歉，向对方解释："对不起，请稍等片刻。"

（2）征求对方的意见，请其选择其他时间再打来，或者请其拨打另外一部电话时要说："实在对不起，请您再拨一次××××××××，好吗？"

（3）如果需要暂时搁置电话，回头再接听时要说："对不起，让您久等了。"

3. 如果电话讲到中途断线，则需根据情况采取下列措施：

（1）若是接听电话的一方，应把电话放下，并等候对方再次拨打过来。

（2）若是打电话的一方，应把电话放下后再拨打一次，在再次接通电话后，应加上一句："刚才中途断线，真是抱歉。"

4. 拨打和接听电话时都要使用适当的问候语、敬语。

5. 说话声音要清晰、温和，语调适中。

6. 对游客姓名的写法有疑问时，应向游客请教，并须分清其姓和名。

10.3.2 客房入住管理

1. 住宿登记服务规范

住宿登记服务规范样例如下。

住宿登记服务规范

为提高接待人员为游客办理住宿登记的工作效率和服务质量,特制定本规范,望相关人员遵照执行。

1. 有预订游客住宿登记服务规范

(1) 热情、诚恳地欢迎并招呼游客,询问游客有无预订,游客出示证件后,请其填写登记表。

(2) 游客填好登记表后,检查登记表所有内容是否已填写清楚,礼貌地协助游客补填遗漏项目。

(3) 没有证件或证件可疑的游客,要问明原因,暂不安排入住,并立即报告保安部和值班经理。

(4) 礼貌地询问游客付款方式。

(5) 登记完毕后,将房卡、欢迎卡交行李员带游客入住,并向游客致谢。

2. 无预订游客住宿登记服务规范

(1) 热情招呼游客,得知游客无预订后,先查看游客所持证件,询问游客想要入住房间的种类、价格及要求等,并查看预订表,确认能否接受入住。

(2) 在尊重游客意愿的前提下,礼貌地向游客推销客房。

(3) 请游客填写登记表,要求游客逐项填写清楚之后做仔细查看。

(4) 代游客选择合适的房间,为游客提供开房、授权等服务。

(5) 把写好的房卡递到游客手上,并询问游客是否需要行李提送服务。

（6）感谢游客入住本农家乐，告别时应说："××先生／女士，希望您在我们这里居住愉快，我叫×××，如有什么需要帮忙，请通知我，我的电话号码为××××××××。"

2. 换房处理服务规范

换房处理服务规范样例如下。

换房处理服务规范

当游客提出换房要求时，应遵照下列规范进行妥善处理。

1. 进行换房确认

（1）当游客提出换房要求时，接待员应问清原因，并报告给当班主管。

（2）当班主管前往游客房间查看，确认换房并对游客表示歉意。如果是因为前台分房不当，更要向游客表示诚挚的歉意。

（3）接待员查看计算机资料，确定是否有房可换。

1）若有同类型客房，则满足游客换房要求。

2）若无同类型客房，则向游客推荐其他类型客房，并介绍房间设施设备和房价。

3）没有空房可换时，若游客已入住房间并无设施故障，应向游客表示歉意，并记下游客要求，告知一旦有空房立即安排；若游客已入住房间设施有故障，应立即通知客房部，要求其下发维修单，进行紧急抢修。

（4）农家乐具备游客提出的换房条件时，要为游客换房。

2. 换房

（1）接待员根据换房情况填写房间、房价变更表，注明日期、游客姓名、新房间号、原因等，并交大堂经理签字。

（2）将房卡交给行李员，行李员持房卡到游客房间，协助游客办理换房手续，并收回原房间钥匙后交还给接待员。

（3）若游客不在房间且已经得到游客的许可，行李员要和当班主管一起办理换房手续，应将游客的物品按照在原房间摆放的顺序放好，不要把游客的物品遗失在原房间。

3. 变更资料

（1）接待员将房卡交给行李员后，应立即在计算机系统中更改房态和有关游客入住的记录资料。

（2）换房时，应将房间、房价变更表分别送至客房部、前厅收银处等。

3. 游客留言处理服务规范

游客留言处理服务规范样例如下。

游客留言处理服务规范

当接待员接到游客留言时，应遵照下列规范予以妥善处理。

1. 留言确认

（1）游客离开房间或农家乐时，若要给来访者或来电者留言，接待员应请游客填写住客留言单，写明房号、留言内容和有效时间等，并请游客签名确认。

（2）若游客是打电话留言，要听清游客留言内容，准确记录，经复述并得到游客确认后，再填写住客留言单。

2. 传达留言

（1）接待员将留言单放入住客留言柜，底单按照散客接待、团体接待或商务楼层入住分类放置，并将游客留言内容输入计算机。

（2）来访者到达或来电者来电后，接待员要核实其身份，将留言单或转达内容转告给来访者或来电者，同时要更新计算机中的留言状态。

3. 留言整理

（1）若留言单已过有效时间，来访者尚未取走，也未接到留言者最近的通知，接待员则可对留言单进行作废处理，并删除计算机中的记录。

（2）若游客留言是有关个人去向的，在接到游客回房通知后，应立即取消游客留言。

4. 游客投诉处理服务规范

游客投诉处理服务规范样例如下。

游客投诉处理服务规范

当接待员接到游客投诉时，应遵照下列规范予以妥善处理。

1. 接受投诉

（1）接待员接到游客投诉，应问清游客姓名、房号、要投诉的部门或个人、事项等。

（2）站在关心、同情游客的角度，平和、礼貌、冷静、耐心地倾听，准确地了解细节和具体情况，并做好记录。

（3）对于游客的投诉，无论对错都不要争论，尤其是对火气正大或脾气暴躁的游客，先不要作出解释，而应对游客表示歉意和进行安慰。

（4）在投诉过程中，如游客大声吵闹或喧哗，应将投诉者与其余游客分开，以免影响他人。

2. 处理投诉

（1）接待员立即向责任部门领导转达游客的投诉，并向当班主管报告，必要时上报总经理。

（2）当班主管责成责任部门领导立即解决问题。若情况复杂，可与责任部门领导共同作出裁决。

（3）在问题处理过程中，当班主管应须与责任部门随时保持联系，或根据情况亲临责任部门工作现场，关注问题的处理情况。

3. 回复游客

（1）处理完游客投诉后，当班主管应及时将处理结果告知游客，并再次表示歉意。

（2）如果游客的投诉确实难以解决，须耐心地向游客解释，以得到其谅解。

（3）感谢游客提出的意见和建议，并根据具体情况，向游客赠送礼品以表歉意。

（4）当班主管将事情的全部处理过程记录在工作日报中。

10.3.3 游客退房管理

1. 散客离店工作程序与关键点（见表10-9）

表10-9 散客离店工作程序与关键点

工作程序	工作目标
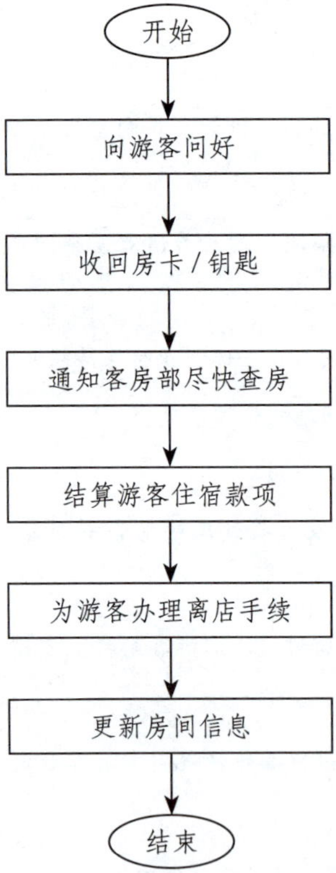 开始 → 向游客问好 → 收回房卡/钥匙 → 通知客房部尽快查房 → 结算游客住宿款项 → 为游客办理离店手续 → 更新房间信息 → 结束	（1）游客对离店服务的满意度评分平均达_____分 （2）工作无差错
	工作关键点
	（1）农家乐服务人员查房时，要检查游客是否用过房内有关收费物品，然后进行统计，一并交给收银处 （2）农家乐服务人员查房时，若看到游客遗留的物品，应马上交到接待处，接待处与游客核对无误后交还游客

2. 团队离店工作程序与关键点（见表10-10）

表10-10 团队离店工作程序与关键点

工作程序	工作目标
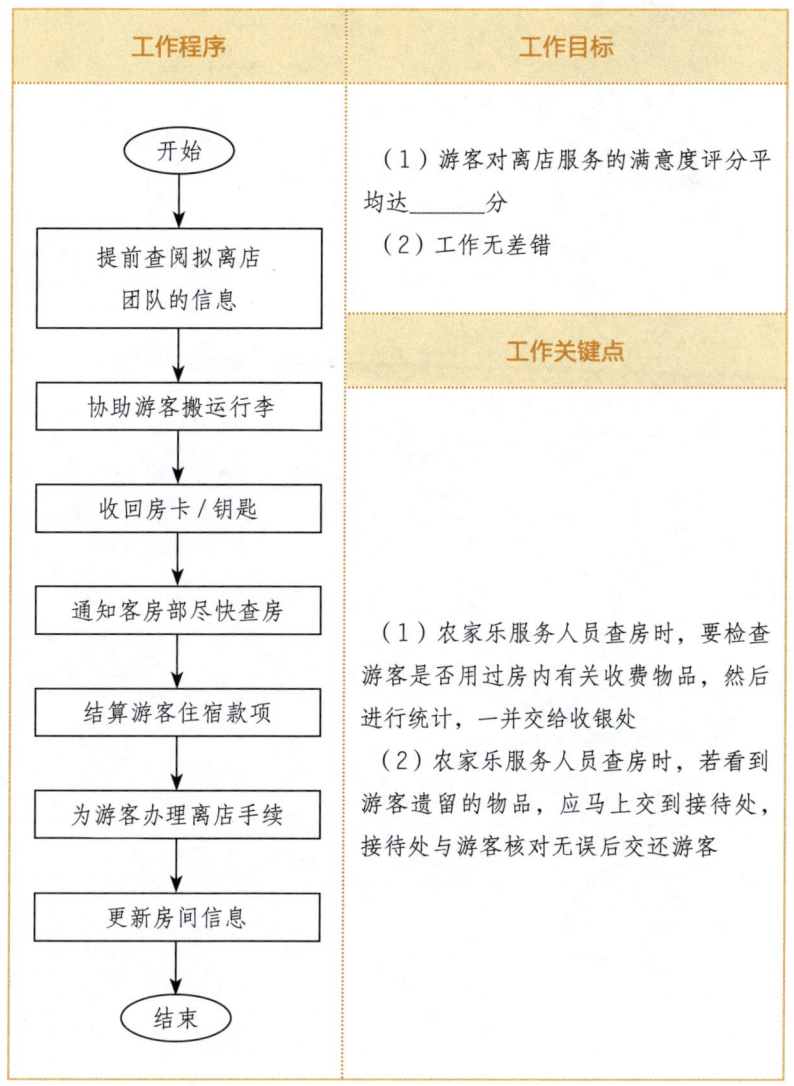	（1）游客对离店服务的满意度评分平均达_____分 （2）工作无差错
	工作关键点
	（1）农家乐服务人员查房时，要检查游客是否用过房内有关收费物品，然后进行统计，一并交给收银处 （2）农家乐服务人员查房时，若看到游客遗留的物品，应马上交到接待处，接待处与游客核对无误后交还游客

流程：开始 → 提前查阅拟离店团队的信息 → 协助游客搬运行李 → 收回房卡/钥匙 → 通知客房部尽快查房 → 结算游客住宿款项 → 为游客办理离店手续 → 更新房间信息 → 结束

第 11 章 旅游服务

户外活动设计
户外活动注意事项
纪念品和农副产品的销售

11.1 户外活动设计

11.1.1 游山玩水活动设计

乡村的秀丽山水是吸引都市人选择农家乐的一个重要原因。农家乐经营者可以设计一些相关的游山玩水活动吸引游客。若要进行活动设计与开发,可以遵循如图 11-1 所示的流程。

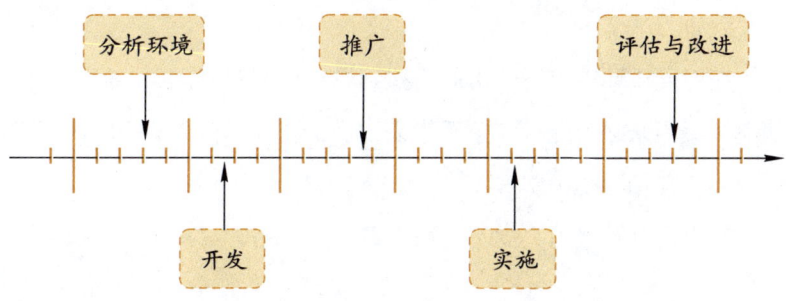

图 11-1 游山玩水活动设计与开发

1. 分析周边环境

要想充分利用农村的秀丽风光吸引游客,就需对农家乐所在地域的自然环境和人文地理环境有一个深入的了解。搞清楚哪些山水风光可以被利用,可以被开发。具体评判标准如图 11-2 所示。

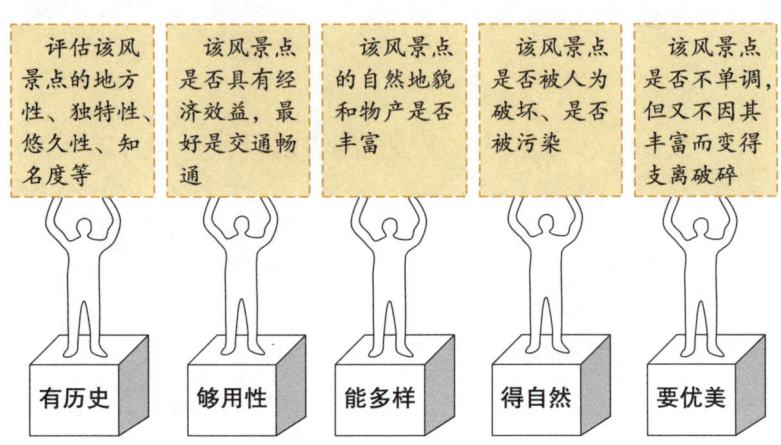

图11-2 环境分析要点

2. 开发

在对周边环境进行分析后,找到具有价值的风景点,但是有价值的风景点未必就能给农家乐带来效益,要针对有价值的风景点进行具体开发和活动策划。

在进行开发之前,需明确两点事项,如图11-3所示。

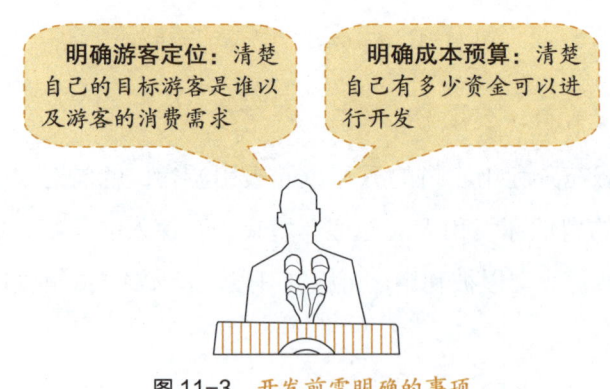

图11-3 开发前需明确的事项

在明确上述两点事项后,应该选择合适的方式进行项目开发。一般来说,开发方式有4种,具体内容见表11-1。

表11-1 开发方式

方式	说明
自行开发	农家乐经营者自行出资开发全部旅游项目,包括风景点的规划建设、周边环境建设等。这种方式可以使农家乐经营者完全拥有这一风景点的使用权
合作开发	农家乐经营者与多方人员合作,共同开发某一旅游资源,最后共同使用这一资源
开拓创新	在某一个地域内,本来没有风景点,但是又离农家乐很近,或这一地域有很大的地理优势时,可以考虑开拓创新,创造新的风景点。例如,在靠近农家乐的一片空地上建设一个花园迷宫
借鸡生蛋	原有风光具有潜力,但是自然发展速度太慢,或者配套设施不完善,可以考虑在原有风光的基础上进行风景点的开发,建设配套设施

在开发方式的选择上,可以根据游客群体的消费水平以及成本预算的高低进行组合选择,具体选择方式如图11-4所示。

开发的内容包括5个方面,如图11-5所示。

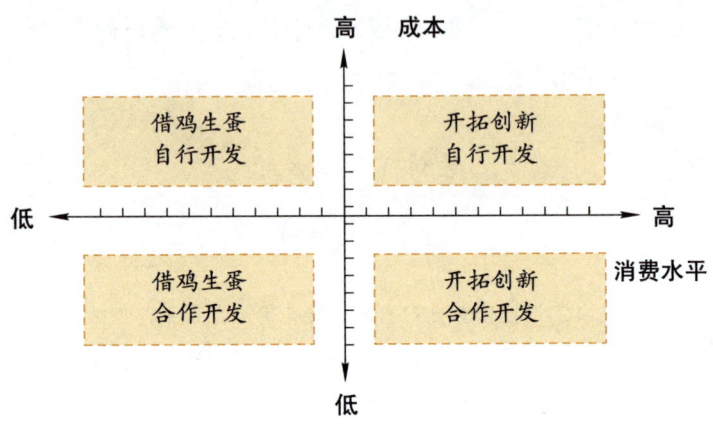

图 11-4　可选择的开发方式

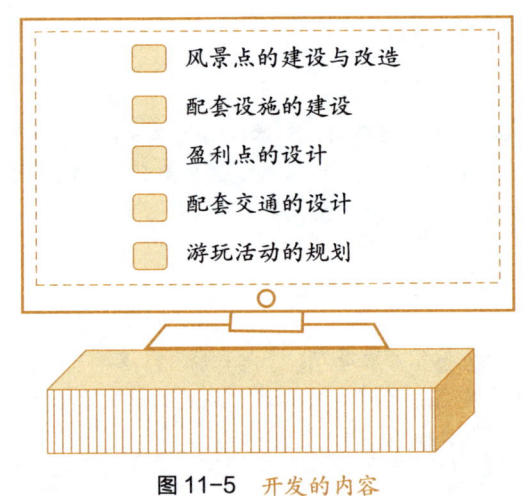

图 11-5　开发的内容

3. 活动推广

当风景点实现价值创造以后,就要通过各种渠道和方式将所开发的"山水"向游客进行推广和宣传。

4. 实施

当游客抵达农家乐所在地以后,为了将开发好的风景点更好地推荐给游客,让游客参与到活动中来,可以采用如图 11-6 所示的两种方式。

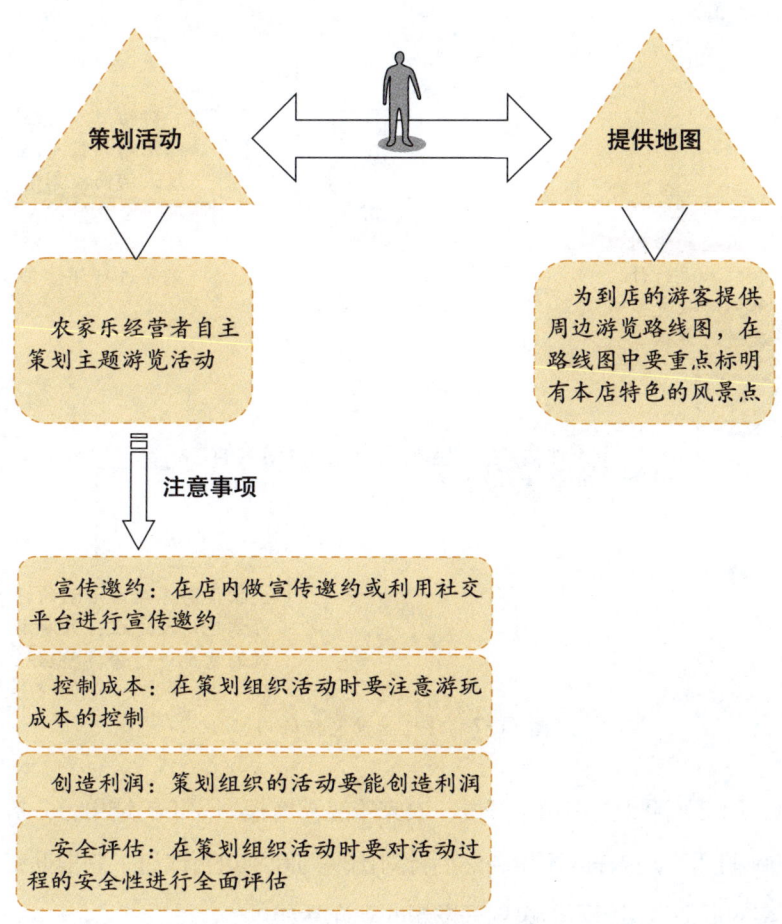

图 11-6　游山玩水活动实施方式

5. 评估与改进

（1）活动评估。活动设计完毕后，农家乐经营者还要根据活动的开展情况，对项目进行全面的评估。评估包括游客的意见、对活动组织者进行评价、对活动成本进行评估3个方面，具体内容如图11-7所示。

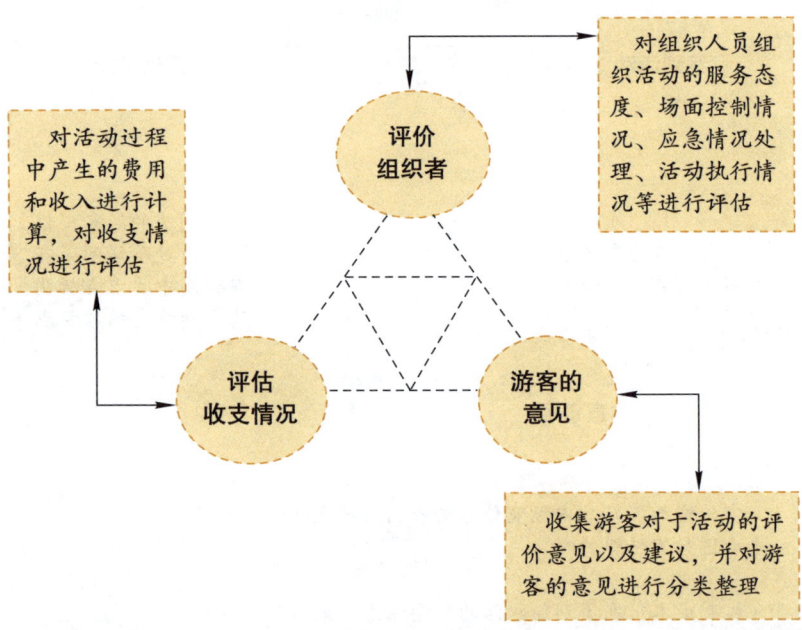

图 11-7　评估活动包括的内容

（2）活动改进和再开发。农家乐经营者根据评价的结果，分析整理出活动存在的不足，然后针对出现的问题进行改进，并根据游客的反馈意见，不断策划开发新的观光活动。

11.1.2　田园采摘活动设计

田园采摘是农家乐旅游中一项重要的户外活动。通过田园采摘可以让游客真实感受乡村气息，真正融入乡村生活。

1. 环境分析

在进行规划之前，要对环境进行分析，其中包括对自然环境、人文环境、市场环境以及自身条件等方面进行分析，通过分析弄清农家乐适合种植什么、有什么可以种植、种植什么收益最高等问题，为制定规划打下基础，具体内容见表11-2。

表 11-2　田园采摘环境分析因素

因素	说明
自然环境	（1）气候 （2）土壤 （3）水质 （4）光照 （5）空气质量
人文环境	（1）当地种植习惯 （2）当地种植特色 （3）当地农业历史
市场环境	（1）目标游客的需求 （2）行业内发展情况
自身条件	（1）可使用的预算 （2）具有的优势 （3）存在的局限性

2. 策划项目

根据环境分析的结果，对田园种植进行规划，具体规划内容如图11-8所示。

图11-8　田园规划内容

3. 活动实施

活动实施是整个田园采摘活动的主体部分。为了吸引游客，更好地安排采摘园的相关活动，应该做到以下几个方面：

（1）根据园区的实际情况组织开展活动。

（2）增加活动的互动性，通过各种各样的方法开展互动，如采摘竞赛、采摘评比、采摘分享等。

（3）所采摘的农产品要得到充分利用，成为另一个盈利点，游客采摘的农产品可以采用不同的方式售卖给游客。

4. 评估与改进

采摘活动结束后，要及时组织人员对活动进行评估，具体评估内容与图11-7所示相同。农家乐经营者应根据评估结果对田园采摘活动进行改进。

11.1.3 特色活动设计

1. 可开发的活动

除了游山玩水活动和田园采摘活动以外,农家乐还可以开展其他类型的户外活动,具体分类如图11-9所示。

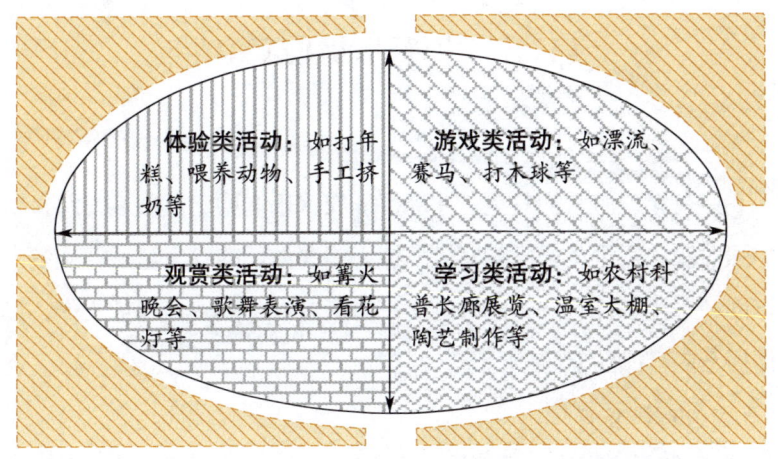

图11-9　可开发的活动分类

2. 精心准备与严格组织

农家乐经营者要根据实际条件安排活动。在安排活动之前,要对工作人员进行相关培训。对于某些活动,还要进行彩排和预演,保证真正实施时能够正常进行。

在组织活动的过程中,要确保安全,防止意外的发生,活动组织者要能把控全局。

3. 组织评估改进

活动结束后,要及时对活动进行评估,总结成败,评判活动的目标是否实现。根据评估结果,对活动进行改进,并创造出更多能吸引游客和带来盈利的活动。

11.2　户外活动注意事项

1. 注意安全

只有保证游客的安全,才能保证农家乐的稳定发展。为此,要加强对农家乐全体员工的安全培训,提高他们的安全意识。从多个方面、采用多种方法,做好游客在游玩过程中的安全保护工作,具体提示内容如图11-10所示。

2. 做到环保

"守住绿水青山,才能换来金山银山。"农家乐要将旅游服务作为一项长期经营的项目,这就要求经营者在提供旅游服务的过程中,注意保护环境,不能竭泽而渔。

农家乐经营中由于缺乏统一规划与合理布局,配套基础设施跟不上,产生了一些破坏自然环境、影响乡村容貌的问题。这些问题归纳起来包括5个方面的内容,具体见表11-3。

为了保住绿水青山,保持乡土风情,保证农家乐的可持续发展,需要多方共同努力,具体做法如图11-11所示。

- 游玩设施设备要符合国家相关法律法规的要求

- 要随时对设施进行安全检查,设备在使用前要进行严密的安全检测

- 对于有危险的项目,要安排具备相应资质的专业人员进行指导或看护

- 在有危险的区域或游玩设施前设立警示牌

- 注意周边环境的安全检查,包括安装必要的照明设施,提防虫蛇等动物的伤害

- 在游客进行游玩之前,工作人员要对游客进行安全提醒,督促其穿戴保护装备

图 11-10　安全提示

表 11-3　常见的污染问题

问题	说明	举例
农业活动污染	在农业种植、养殖等农业生产活动中,因过度开发导致的污染	如因增产、催熟农作物等需求而使用一些非环保的材料,造成土壤污染
生活垃圾及旅游活动污染	在开办农家乐过程中产生的大量无法处理的垃圾所造成的污染	如游客丢弃的各种易拉罐、啤酒瓶、废纸、塑料瓶、塑料袋等垃圾

续表

问题	说明	举例
噪声污染	农家乐经营过程中，一些来自城市的声音打破了乡村的宁静	如汽车发动机的声音、喧闹的卡拉OK、舞曲等
建设项目污染	为开展农家乐经营活动而开发的工程项目对环境造成破坏和污染	如工程建设产生的各种废弃材料、各种与当地环境不协调的新建筑群等
社会环境污染	农家乐在给农户带来收益的同时，也会带来一些商业运作的负面影响，从而破坏了原有乡村的文化氛围	如为追求利润，过度的商业包装使得当地不再具有自身文化特色

农家乐规划阶段 → （1）科学规划，不要过度开发
（2）制定完善的关于保护环境的规章制度

农家乐营业阶段 → （1）在保证环境不被破坏的前提下，合理地策划活动
（2）对工作人员进行环保方面的培训，发现问题要及时汇报和处理
（3）督促游客按照有关环保制度进行活动
（4）定期进行环保检查，不断优化配套设施

图11-11　保护环境的措施

11.3 纪念品和农副产品的销售

农家乐的一个重要盈利点就是销售纪念品和农副产品，有特色的纪念品和农副产品可以获得游客的青睐。为了更好地将产品推销给游客，激发游客的购买欲望，需要促销人员运用恰当的技巧与游客进行沟通。

11.3.1 提升产品价值

农家乐销售的纪念品和农副产品应有别于"菜市场"，要卖别人没有的、有特色的产品。这就需要农家乐经营者将创意融入产品销售中，将产品与多种创意结合，突出创新性，令产品在视觉上更具诱惑力和品牌影响力、更有文化气息，从而使游客更愿意花钱购买。

农副产品在种植、加工、包装、营销等环节都要考虑采用不同的方法来提升产品价值，具体过程如图 11-12 所示。

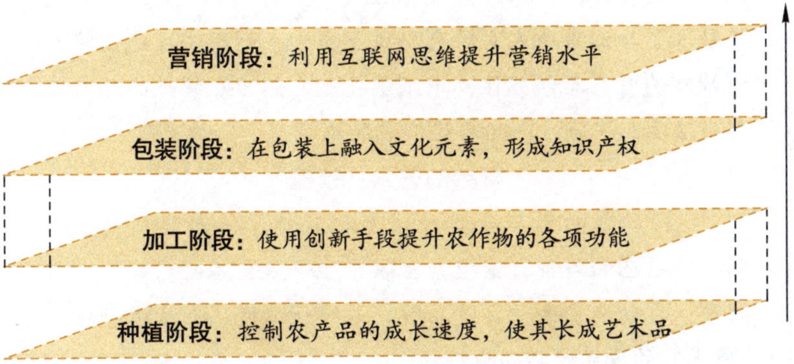

营销阶段：利用互联网思维提升营销水平

包装阶段：在包装上融入文化元素，形成知识产权

加工阶段：使用创新手段提升农作物的各项功能

种植阶段：控制农产品的成长速度，使其长成艺术品

图 11-12　提升产品价值的过程

种植的艺术：酒瓶梨

　　酒瓶梨是韩国原创的一种种植方式。酒瓶梨不仅有酒还有梨。它的种植方式是在梨树花期结束10天后，将细瓶颈的大肚酒瓶套在梨上，然后灌入清酒，待90天左右即完全成熟。由于从小长在瓶子里，所以完全隔离了农药以及外部环境的影响，是真正的有机食物。

加工的艺术：桃核雕刻

　　桃核雕刻是中国传统雕刻艺术的一种。传统的桃核雕刻可以追溯到明代晚期。它具有很高的艺术欣赏价值。现代雕刻人员可以利用他们细致入微的雕刻手法，依据现代人的口味，结合当地的文化背景，雕刻出具有一定新意和品位的艺术品来吸引消费者购买，实现了"变废为宝"的艺术加工。

包装的艺术：掌生谷粒

　　掌生谷粒是一个具有台湾生活风格的品牌。因其包装设计简单古朴，获得了2010年台湾文创精品金奖、2011年德国红点设计大奖、2011年亚洲最具影响力设计大奖。它的包装融入了台湾当地人文特色与风土条件，利用牛皮纸袋将台湾特有的农产品包裹住，用纸藤扎起，然后在绵纸的外衣上用书法手写产地、产品和生产者的故事。

营销的艺术：褚橙

　　褚橙的成功离不开其种植者褚时健。褚时健利用互联网，将自己的故事与褚橙紧密联系在一起，不打广告，只讲故事；打动消费者，打造品牌。最终让褚橙从众多橙子中以"励志"的方式脱颖而出。

11.3.2 引起游客的注意与兴趣

1. 把握吸引游客目光的时机

吸引游客的目光,首先要把握好时机,以达到事半功倍的效果。一般吸引游客的时机有 4 个,具体内容如图 11-13 所示。

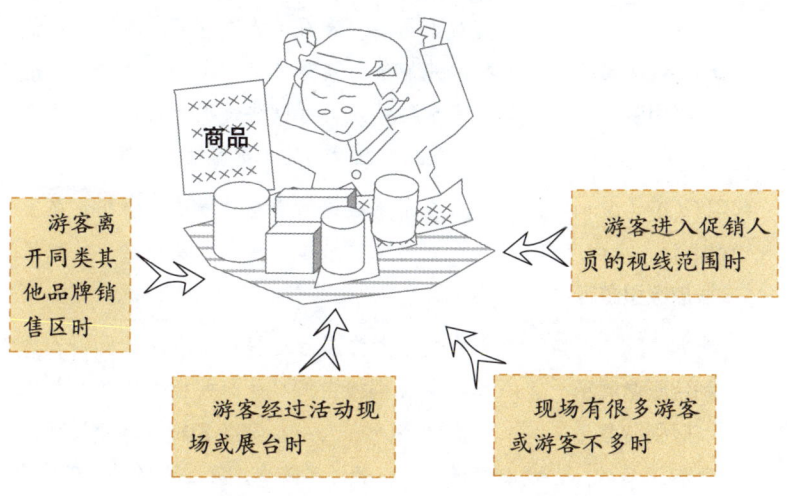

图 11-13　吸引游客目光的时机

2. 选择吸引游客注意的方法

引起游客的注意是实现游客购买的第一步,农家乐促销人员吸引游客注意的方法可以参考表 11-4。

表 11-4　吸引游客注意的方法

分类	具体措施
利用现场活动吸引游客	现场活动是一种常用方法,其形式一般为通过现场主持人的主持,将才艺表演、产品说明、游客互动游戏等穿插进行

续表

分类	具体措施
利用户外展示吸引游客	是指通过产品展示有效地吸引目标游客，一般可以以高档的产品形象吸引游客或以现场堆码的方式吸引游客
利用现场演示吸引游客	对于一些外表看似普通，但是使用方法独特，并能够为游客带来使用便利性的产品，农家乐促销人员可以通过现场操作，演示产品的使用方法及功能，进而吸引游客注意
利用POP（point of purchase，卖点广告）摆放吸引游客	在农家乐店铺周围悬挂横幅、彩旗，在售卖点室内悬挂吊旗、海报以及地贴、气球等类型的POP，这些都是吸引游客注意的好方法
利用影像展示吸引游客	在使用影像展示过程中，农家乐促销人员要将电视机摆在入口处，并根据游客的关注程度调整声音大小，若游客较多，音量可以稍微调大；若游客较少，就要适当调小音量
利用音乐吸引游客	在柜台播放音乐，不但可以有效吸引游客的注意力，而且可以营造良好的购物气氛，激发游客的购买欲望。选择音乐时，需要根据产品特点选择适合的音乐，保持适中的音量，并定时更换音乐
利用派发促销品吸引游客	促销品主要是指印制精美的宣传单、优惠单、赠品等，它们能在很大程度上吸引游客的注意力，激发游客的购买欲望。但在派发时要注意派发的方式，不要引起游客的反感，否则会起到相反的效果

3. 准确发问，了解游客的真实需求

农家乐促销人员在接近游客后，可采用提问的方式进一步了解游客的真实需求。

（1）了解提问的基本方式。农家乐促销人员在向游客提问时，有开放式提问和封闭式提问两种方式。

1）开放式提问。一般采用"为什么""怎么样""谁""什么"等句式来发问。其特点在于答案不是唯一的，可以留给游客较大的回答空间，从而有利于促销人员深入了解游客的实际情况。开放式提问优势如图11-14所示。

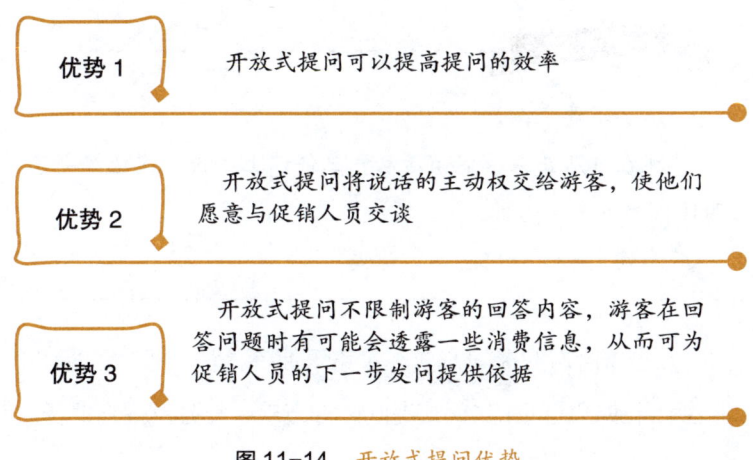

图11-14　开放式提问优势

由于开放式提问的发问内容比较广泛，没有固定答案，促销人员在运用时需要注意问题的针对性，即首先确定想了解游客哪些情况，然后才能有针对性地提出问题。

> **实例参考**
>
> "请问您想买什么土特产?"
>
> "您知道我们店最有特色的产品是什么吗?"
>
> "您想带什么样的纪念品回去送朋友呢?"

2)封闭式提问。一般用来获得或确认简单的答案,多用于向游客确认自己的理解或想引导游客谈话的内容,其答案基本设定为"是"或"否"、"对"或"错"。封闭式问题答案的唯一性限定了游客的谈话空间,因此往往容易得到明确而简单的回答。

> **实例参考**
>
> "您要不要来两斤?"
>
> "现在本店正在搞促销活动,三件以上半价,您已经买了两件,要不要加一件?"
>
> "您确定要这个纪念品,是吗?"

(2)选择恰当的提问方式。农家乐促销人员应根据实际情况,灵活运用开放式提问和封闭式提问两种方式,充分发挥它们各自的优势。

1)开放式提问有如图11-14所示的3个优势,因此,在发掘游客需求阶段,农家乐促销人员应该采用开放式提问方式。

2)农家乐促销人员在向游客确认自己的理解时,需采用封闭式回答方式。

3）在引导游客的谈话内容时，农家乐促销人员应该将开放式提问与封闭式提问相结合。例如对于特别健谈并总是试图将问题展开的游客来说，农家乐促销人员需要及时引导游客的谈话内容，使其回到与商品有关的问题上来。

> **实例参考**
>
> 游客：难得来一次农村，临走前想买点农村的土特产带回去送人。
> 促销人员：您打算送给什么人呢？
> 游客：给家里的两位老人买点就行。
> 促销人员：您觉得买点×××怎么样？最近在促销，买一送一，要不您来两份？

（3）掌握询问游客的技巧。在与游客交谈的过程中，农家乐促销人员需掌握询问的技巧，具体要求如下：

1）开始发问时，农家乐促销人员需选择游客容易回答的问题，这样有利于消除游客的抵触情绪，使游客能接受提问、给予回答、听取说明。

> **实例参考**
>
> "听您的口音是上海人，是来休假的吧？"这类与主题关联性不大的问话，游客容易回答，从而能营造一种融洽的交谈氛围，缩短与游客之间的距离，在自然而然的聊天过程中将目标转向正题。

2）游客对与其有密切关系的事情会抱有较大的兴趣，因此，农家乐促销人员通过询问这些与其密切有关的问题，就能够引起游客的注意和兴趣，并使游客愿意与自己交谈。

3）在向游客推介商品时，可以采用由宽到窄的方式逐渐进行深度探寻，利用从大到小的"问题漏斗"来了解游客的真正需求。

4. 积极聆听，洞悉游客的真实想法

农家乐促销人员需通过积极聆听，准确了解游客的真实想法，从而进行有效的促销工作，进而提高促销工作的成功率。

（1）掌握聆听的正确方法。游客所说的每句话都有可能透露出他的需求信息，因此，农家乐促销人员需要仔细聆听游客的讲话，从而正确洞悉游客的需求。促销人员正确倾听游客讲话的要求如下：

1）要保持端正的态度。真诚的态度是实现良好沟通的基础，因此，促销人员在聆听过程中，需通过目光、笑容、表情，使游客感到自己正在耐心听取他的讲话。农家乐促销人员一定要注意避免虚假的反映，这时不经意流露出的疲惫的神态、迷离的眼神以及消极的情绪等都可能会使游客失去讲话的兴趣。

2）不要打断游客。在倾听游客讲话时，农家乐促销人员应该让游客尽可能多说，不要随意插话，因为这样很容易打击游客的积极性，丧失极有可能培养起来的购买兴趣。

3）积极回应游客。探索游客需求的过程是一个双向互动的过程，农家乐促销人员应该在游客讲话时给予赞同的表示，并针对游客的讲话询问相关问题，这样才能真正了解游客需求。

对于游客的观点，农家乐促销人员应该积极表示认同；对于不清楚的内容，促销人员则要及时向游客询问，以免对游客的意见产生误解。回应游客的方法有很多，不同的回应方法和应该使用的语言见表11-5。

表11-5 回应游客的方法

回应类型	回应方法	使用语言示例
表示认同	表示惊讶	"啊，是吗？"
	引导游客讲话	"哦？后来怎么样了？"
	表示理解	"是吗？我知道了。"
	表示有同感	"是啊，您说得对！"
表示询问	确认理解正确	"也就是说，您是这么想的了？"
	询问不清楚的问题	"您能再说一遍刚才说的话吗？"
	询问不理解的问题	"那您的意思是……"

4）引导游客诉说。游客往往不会主动透露自己的购买信息，因此，促销人员一定要适当引导游客，使其说出更多的内容，从而得知其真实想法。当与游客的谈话中断时，促销人员应及时问一句"为什么""怎么了"，从而使游客继续说下去，并最终透露出他的真实想法。

（2）洞悉游客的真实想法。农家乐促销人员在聆听游客讲话时，应该注意以下5项内容，以切实了解游客的真实想法。

1）游客重复的语句。游客对自己所看重的东西往往会有意无意地反复强调，农家乐促销人员可以通过这些信息了解游客的真实想法。

2）游客的语气。农家乐促销人员可以根据游客说话的语气，判断其真实想法。例如游客在得知价钱后惊喜地说出"不错，确实挺便宜的"之类话语，就证明价钱对该游客而言是最大的诱惑。

3）捕捉游客之间的谈话信息。游客结伴购物时，往往需要互相商量才能定夺，他们中间必定会有一个"主游客"，还有一个甚至更多的"参谋"。农家乐促销人员在聆听时需注意捕捉游客之间的谈话信息，以掌握游客的真实想法，从而有重点地介绍商品，促成交易。

4）观察游客行为。在游客诉说的时候，其表情、动作也会透露出他的真实意愿，因此，农家乐促销人员在倾听游客讲话时，需注意观察其行为，进而判断其购买意愿。

5）站在游客的立场思考。农家乐促销人员要站在游客的立场考虑游客真正需要的是什么，与游客达成共识，进而在倾听游客讲话时才能理解其实际的想法。

11.3.3 进行商品推介

农家乐促销人员在吸引游客后，要根据游客的表现、心理、需求等展开商品的介绍，使游客产生购买产品的欲望。

1. 分析商品

要想更好地促销商品，首先要对商品有一个深刻的了解，熟知商品的特性以及商品的卖点在哪里。商品分析的主要内容如图11-15所示。

在了解商品的特性后，就要提炼出商品的卖点，提炼商品卖点的流程如图11-16所示。

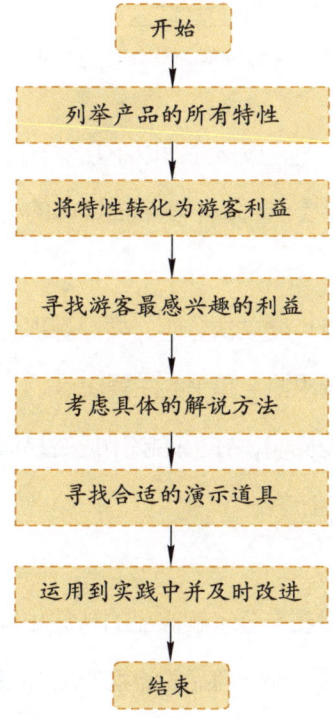

图 11-15　商品分析的主要内容

图 11-16　提炼商品卖点的流程

对于卖点的提炼，一般可以从如图 11-17 所示的几个方面进行。

图 11-17　从何处提炼商品卖点

在提炼商品卖点时，应该注意以下几个方面的问题：

（1）在提炼商品卖点时，不要偏离游客的心理诉求，好的卖点来自于服务游客。

（2）提炼商品卖点要主次分明，要提炼那些能在最短的时间内把商品诉求与消费诉求结合起来的主要卖点。

（3）商品卖点要简明，并且能够用通俗易懂的语言和形象生动的比喻将信息传递给游客。

2. 介绍商品

农家乐促销人员在充分了解商品的特性和卖点后，应该有针对性地向游客介绍商品。介绍商品的流程如图 11-18 所示。

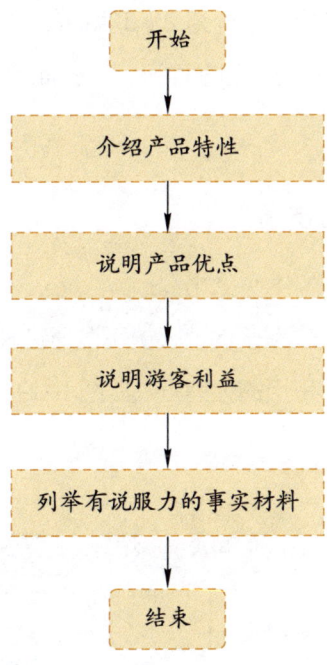

图 11-18　介绍商品的流程

在进行商品介绍时，农家乐促销人员应该注意以下几个方面的问题：

（1）要坚持实事求是。要以事实为依据，不要无中生有、夸大其词以及恶意攻击其他品牌产品，以突出自己的产品。

（2）要随时注意游客的反应。不要喋喋不休，要学会随时观察游客。

（3）要积极探询游客需求。在介绍商品的过程中，要学会询问游客，探询游客的想法。

（4）要控制介绍产品的数量。不能一下子介绍太多，应该抓住游客的需求，针对游客需求介绍 2~3 款商品。

（5）要控制好介绍商品的时间。一般而言，介绍的时间不宜过长。

11.3.4 促成产品交易

1. 使用促销手段促成交易

为了促成交易，农家乐促销人员可以通过开展促销活动以刺激游客消费。一般可以采用的促销方式如图 11-19 所示。

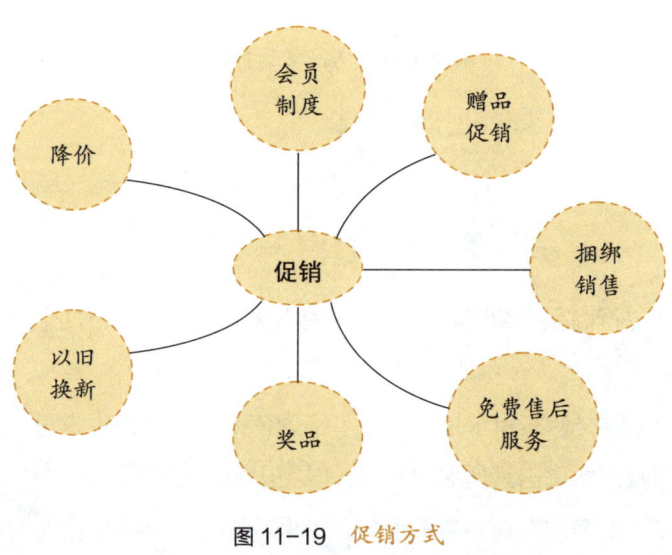

图 11-19　促销方式

在利用促销方式刺激游客的购买欲望时，要做好 3 个方面的工作，具体内容见表 11-6。

表 11-6　促销策略的运用

内容	说明
向游客讲明促销原因	首先要向游客说明开展促销活动的原因，即向游客介绍某种商品为什么要打折、打折的原因是什么、礼品价值多少等，打消游客"促销商品有问题"之类的疑虑
告知游客此时购买的好处	向游客讲明在活动期间购买商品所获得的好处，让游客了解自己能够得到的实惠
讲述促销活动的时间期限	为了尽快实现销售，在面对犹豫不决的游客时，可以进一步诱导其下决心购买，具体办法是告知游客促销活动的时间期限，使其莫失良机

2. 讲述游客利益

有些游客虽然对农家乐促销人员推介的商品很感兴趣，但由于对商品存有疑虑，或者无法确定自己的购买决定是否正确，或者由于其他原因导致犹豫不决，徘徊在买与不买之间。农家乐促销人员要想激发游客的购买欲望，可以将此商品的展示卖点以及它对游客有何好处再次加以综合阐述，向游客讲明他所能获得的利益，加深游客对商品的概念，甚至可以挖掘游客的潜在需求。

例如可以使用"这种商品能给您带来哪些好处呢？首先……""让我们来看看这种商品能给您带来的好处有哪些……"等句式，加深游客对商品的了解和印象，使游客觉得自己确实需要这件商品，并下决心购买。

3. 比较同类商品

与其他商品进行比较也是激发游客购买欲望的技巧之一。农家乐促销人员要帮助游客做商品比较，利用各种例证充分说明所推荐的商品与其他商品的不同之处，并向游客特别强调此种商品的优点所在。

在比较商品时，应该有针对性地进行比较，一般可以进行比较的内容见表11-7。

表11-7　比较的内容

内容	说明	示例
质地	在商品质量、质地、做工方面与同类商品比较，突出本商品的优势	"您看，这种麦秸秆做的很结实，和木头做的一样结实，而且更轻便，样式也更新颖。"
审美	了解游客的审美情趣、爱好之后，从此角度对商品进行比较，使游客觉得此商品最适合自己	游客试穿特色服装以后很满意，但她更喜欢自己中意的那件衣服，想再转一转，此时，农家乐促销人员可以这样说："那件横条纹的衣服体现不出您的气质，这件竖条纹的衣服更能使您显得挺拔精干。您觉得呢。"
实用	从商品的使用价值、寿命、实惠等方面进行比较，满足游客的求实心理	"这种酒瓶梨从小长在玻璃瓶里，没有受到外面环境的影响，完全零农药，健康而且能够储存很久。"

续表

内容	说明	示例
价格	促销人员需了解同类商品不同商家的价格情况，并适时讲给游客	"在这一片儿，您是找不出第二家比这更便宜的价格了。因为我们这里的农副产品都是使用自动化机械进行种植的，无污染，人工成本较低，产出还快，其他商家都是人工种植，人工成本比我们高，不信，您可以去其他商家问问价格。"
促销活动	告知游客商品的促销活动情况，让游客意识到在此家商店购买最合适	"这种农副产品目前正在搞打折促销，买5斤能打5折。"